Hans Stolp
MICHAEL
Der Erzengel des neuen Zeitalters

Hans Stolp

MICHAEL

DER ERZENGEL
DES NEUEN ZEITALTERS

Aquamarin Verlag

1. Auflage 2018
© Aquamarin Verlag
Voglherd 1 • D-85567 Grafing

© 2018 Hans Stolp

Umschlaggestaltung Annette Wagner unter Verwendung von
© 604424918/ Nikki Zalewski – shutterstock.com

Übersetzt von Andrea Fischer

Druck: CPI • Birkach

ISBN 978-3-89427-826-7

INHALT

›Wenn in vier mal zwölf Menschen we-
nigstens innerhalb der nächsten Zeit der
Michael-Gedanke voll lebendig wird,
in vier mal zwölf Menschen, ... wenn in
solchen vier mal zwölf Menschen Führer
erstehen für Michael-Festesstimmung,
dann können wir hinschauen auf das
Licht, das durch Michael-Strömung und
Michael-Taten über der Menschheit in
der Zukunft sich ausbreiten wird.‹[1]

Rudolf Steiner

In Dankbarkeit gewidmet:

Jeanne Bloemen

meiner michaelischen Schwester
für ihre innige Verbundenheit
und für die Liebe und Wärme,
mit welcher sie das Werk Michaels
in ihrem Herzen trägt.

EIN HEROLD MICHAELS

Michael, heilige Ehrfurcht erfüllt mich,
wenn ich vor meinem geistigen Auge vor Dir stehe.
Alles um Dich herum ist hell und scharf abgegrenzt.
All meine Verhüllungen fallen in Deiner Gegenwart ab,
meine Seele liegt offen und bloß vor Dir.

Michael, aus Deinen Augen strahlt eine ungeheure
Kraft aus, die, so empfinde ich es, reine Schöpferkraft ist.
Mit einer nahezu ungeduldigen Handbewegung
forderst Du mich auf, das Alte loszulassen
und mich für die Impulse zu öffnen,
die Du in meinem Herzen niederlegen möchtest.

Michael, Du wartest mit endloser Geduld darauf,
dass ich innerlich »Ja« sage und Dir gegenüber
das heilige Gelübde ablege, Dir zu dienen.
Erst dann erteilst Du mir den Ritterschlag und machst mich
damit für immer zu einem Michaels-Mitstreiter.

Wenn ich mich dann wieder für das irdische
Leben öffne, versuche ich, in Deinem Sinne zu leben und
mein Denken so zu transformieren,
dass ich von nun an mit meinem Herzen denke.
Ich lerne es, mein Ego mit der Geisteskraft in Zaum zu halten, die Du mir schenkst.
Und mit all meiner inneren Kraft
setze ich mich dafür ein, unsere Gesellschaft umzuwandeln
—
nach den Vorgaben, die Du uns für diese Zeit gibst.

Michael, je mehr ich, durch Deinen Geist erleuchtet,
an Einsicht und Klarheit erwerbe, desto klarer erkenne ich,
wie sich auf Erden ein Kampf abspielt, bei dem
auf der einen Seite Du und all Deine Anhänger stehen,
und auf der anderen Seite
die dunklen Mächte von Verbitterung und Illusion,
die Menschen leer und ohne Inspiration zurücklassen.

Michael, erfülle mein Herz mit standhafter Liebe.
Lasse mich den geistigen Kampf durchschauen,
der sich in unseren Tagen abspielt,
und schenke mir den Mut,
ein echter Herold für Dich zu sein.

I.
WIE MICHAEL IN UNSEREM LEBEN WIRKT

Abends auf den Tag zurückblicken, der hinter uns liegt

Es gibt Menschen, die mit absoluter Regelmäßigkeit eine bestimmte geistige Übung ausführen. Meist abends im Bett, direkt vor dem Einschlafen. Sie schauen meditativ auf den vergangenen Tag und das zurück, was sie an diesem erlebt haben. Sie sehen wieder die Gesichter der Menschen vor sich, welchen sie an diesem Tag begegnet sind. Manchmal werden sie sich erst dann, im Rückblick, bewusst, was sie eigentlich gefühlt haben, als sie dem anderen begegnet sind: Seine Unsicherheit, den Kummer, der in seinem Blick lag, oder die Wärme, die er ausstrahlte. Oft werden sie sich dann auch erst ihrer eigenen Gefühle bewusst: Beispielsweise, dass sie sich bei dieser Begegnung ein wenig beklommen fühlten, als könnten sie nicht richtig Luft holen; oder dass sie sich durch die Ausstrahlung des anderen so erstaunlich fröhlich oder erwärmt fühlten.

So blicken viele von uns beim Einschlafen zurück auf den vergangenen Tag. Doch manche – insbesondere die Menschen, die älter werden – schauen noch etwas weiter zurück: Sie reflektieren nicht nur über den vergangenen Tag, sondern blicken über das gesamte Leben, das hinter ihnen liegt. Allerhand Bilder ziehen im Nu an ihrem inneren Auge vorbei: Bilder von den Glücksmomenten und Höhepunkten ihres Lebens, aber auch Bilder von kleineren und größeren Krisen, welche sie im Laufe ihres Lebens durchgemacht hatten.

Außerdem kennt ja jeder Mensch seine eigenen Krisen, seine persönlichen Verlustmomente und individuellen Phasen, in welchen man jeden Halt verloren zu haben scheint. Bei diesem Rückblick richten allerdings viele ihre Aufmerksamkeit nicht so sehr auf den Schmerz des Verlustes und auf die Gefühle von Ohnmacht und Kummer, die diese Krisen ihnen bescherten; Sie sinnen vor allem über das Geheimnis des geistigen Gewinns nach, den diese Krisen ihnen letztendlich gebracht haben.

Manche entdecken dabei, dass sie durch diese dunklen Lebenserfahrungen innerlich stärker geworden sind. Eingehüllt in eine Stimmung von Dankbarkeit für diesen Gewinn, fallen sie in den Schlaf. Andere entdecken, dass sie sensibler für den Kummer anderer Menschen geworden sind und den anderen nun sehr viel besser verstehen als früher. Ihren Rückblick schließen sie mit der dankbaren Erkenntnis ab, dass die Lebenskrisen ihnen letztendlich eine tiefere Einsicht geschenkt haben.

Für die meisten von ihnen gilt, dass ihnen früher gar nicht bewusst war, dass diese Krisen ihnen auch einen Gewinn bescheren konnten – sie sahen in jener Zeit lediglich den Absturz und die dunklen Aspekte dieser Krisen. Erst (viel) später kam der Moment, in dem sie zu erkennen begannen, dass diese Lebenserfahrungen ihnen letztendlich auch einen Gewinn beschert haben.

Der große Erzengel Michael hilft uns

Wer seinen Blick innerlich so, wie ich es eben beschrieben habe, auf den geistigen Gewinn richtet, den er daraus für sein Leben geschöpft hat, reflektiert in der Tat über das, was Michael ihm geschenkt hat; denn er, der große Erzengel Michael, ist es, der uns wieder und wieder so durch die Prüfungen des Lebens hindurch geleitet, dass wir nicht für immer daran zerbrechen (und wie leicht hätte das in so mancher Situation geschehen können), sondern daran wachsen und geistig bereichert werden.

Der Erzengel Michael sorgt auf diese Weise dafür, dass wir zu Menschen werden, die für ihre Mitmenschen mehr Verständnis aufbringen können und es lernen, unseren Egozentrismus zu zügeln. Der große Erzengel offenbart uns damit auch das Geheimnis des Lebens: Unsere Mission, wie wir auf unserem Weg durch all die Lektionen unseres Lebens hindurch an Weisheit, Mitgefühl, Liebe und Erkenntnis wachsen dürfen.

Michael ist ein ganz besonderer Erzengel; denn er ist es, der uns in allem, was er uns schenkt, die Liebe zeigt, die von Christus ausgeht. Es ist die Liebe, die Michael uns zuträgt. Mit dieser Liebe umhüllt er uns und schenkt uns neuen Mut.

Ein Bewusstsein, das erst im Nachhinein entsteht

Wer den Mut hat, sich ehrlich selbst zu betrachten, und wer sich regelmäßig geistig darin übt, Rückschau in Bezug auf sein eigenes Leben zu halten, wird ganz natürlich eine

Sensibilität für die stille Kraft entwickeln, mit der Michael uns – in enger Zusammenarbeit mit Christus und mit unserem Schutzengel – leitet.[2] Wenn sie in Meditation versunken Rückschau halten, steigt bei vielen innerlich ein Gefühl tiefer Bewunderung auf, nicht nur hinsichtlich der Art und Weise, wie ihnen Michael beigestanden und geholfen hat, sondern auch, wie er sie Schritt für Schritt zu einer neuen Erkenntnis geführt hat.

Bei unserem nächtlichen Rückblick fällt wahrscheinlich eines am meisten auf: Die Tatsache, dass wir das Leben dank unserer Erfahrungen auf eine andere, neue Art und Weise betrachten – nämlich so, dass wir zu Wissenden werden, zu Menschen die nicht mehr nur Dinge glauben, sondern diese innerlich wissen. Die Essenz dieses Wissens ist Folgendes:

- Wir wissen nun, dass wir im Leben nicht allein stehen, sondern dass für jeden von uns, der darum bittet, ein stiller Helfer bereitsteht. Wer diesen entdeckt, weiß plötzlich, wie wahr diese biblischen Worte sind: »Bittet, so wird euch gegeben.«[3]
- Wir wissen nun, dass eine unerwartete Rettung in der Not immer möglich ist, auch wenn wir selbst die Hoffnung darauf bereits verloren haben.
- Wir wissen nun, dass nichts, was uns im Leben widerfährt, sinnlos ist, sondern dass es sich dabei um Lebenslektionen handelt, an welchen wir wachsen können.

Das ist die nächtliche Erkenntnis, die bei unserem Rückblick immer stärker wird. Voller Staunen halten viele von uns dabei inne – einem Staunen, das allmählich in Dankbarkeit übergeht: »Vielen Dank, Michael, dass ich an allen Dingen im Leben, die ich durchmache, wachsen darf. Danke für deine unentbehrliche Hilfe und Unterstützung dabei. Vielen Dank für die Erkenntnisse, die ich dabei hatte.«

Durch diese meditativen Rückblicke auf das Leben, das hinter uns liegt, wächst allmählich eine tiefe Verbindung zu Michael – eine Verbindung, die direkt aus unserem Herzen kommt und im Laufe der Jahre immer intensiver wird. Dabei hat dieses Band eine ganz eigene Färbung: Es ist durchdrungen von Ehrfurcht und Respekt, aber auch mit einer zunehmenden Wärme; denn unsere Verbindung mit Michael beginnt meist mit Respekt und Ehrfurcht, wird aber allmählich mit immer mehr Wärme und Liebe durchdrungen.

Erkenntnisse, die uns erst im Nachhinein bewusst werden

Es ist nicht leicht, sich der Inspiration und Hilfe Michaels bewusst zu werden; denn der Impuls, mit dem er uns durchdringt, ist eine verborgene Kraft, ein verborgener Impuls. Man wird sich dessen meist erst im Nachhinein – manchmal sogar erst Jahre später – bewusst (wenn man sich seiner überhaupt bewusst wird), und nicht in dem besagten Augenblick selbst. Das ist nur allzu verständlich – da wir in Krisensituationen ja unsere ganze Aufmerksamkeit schon allein dazu benötigen, um zu überleben und durchzuhalten. In einer solchen Zeit haben wir dann auch bestimmt keine Energie und keine Aufmerksamkeit mehr, um auch noch darauf zu achten, was eigentlich im Verborgenen, hinter dem Schleier, vor sich geht.

Es ist mir oft passiert, dass mir Menschen über diesen Prozess der wachsenden Erkenntnis berichtet haben. Beispielsweise folgendermaßen: »Als ich meinen Mann verloren hatte, fühlte ich mich vollkommen allein, so, als hätte mich sogar Gott selbst im Stich gelassen. Doch erst jetzt, viele Jahre später, sehe ich, wie sehr mir in jener Zeit geholfen wurde, um innerlich zu reflektieren und meinen Weg weiter zu gehen. Nun erst dringt das zu mir durch, und nun erst beginne ich, Gott dafür zu danken. Außer ihm danke ich noch Christus und Michael und meinem persönlichen Schutzengel; denn jetzt weiß ich, wie sie in jener Zeit all ihre Kräfte gebündelt haben, um mir zu helfen. Nun fühle ich mich ihnen so nahe.«

So sind es unsere Lebenserfahrungen selbst, die dazu führen, dass wir uns Michael und seiner Hilfe bewusst werden – zumindest, wenn wir ab und zu auf unser Leben zurückblicken und uns dabei der stillen Kräfte bewusst werden, die in der Stille, im Verborgenen, bei all diesen Erfahrungen wirksam waren.

2.

STÄRKER, ALS WIR SELBST ES ERFASSEN KÖNNEN

Die Finsternis – pechschwarz, das Licht – so stark und so heilkräftig

Mit der Art und Weise, wie Michael uns durch die Finsternis des Lebens ins Licht einer neuen Zukunft führt, folgt er einer alten, esoterischen Gesetzmäßigkeit, und zwar folgender: So heftig und intensiv wir mit der Finsternis konfrontiert werden, so stark und eindringlich werden wir uns zugleich der Kraft des Lichtes – das hinter der Finsternis verborgen ist – bewusst werden dürfen. Diese Kraft und dieses Licht sind heilkräftig und führen uns zu einer höheren Erkenntnis.

Das alte esoterische Gesetz ist nur zu verständlich. Es gibt hier auf Erden ja kein Licht ohne Finsternis – das weiß jeder aus Erfahrung. Es ist sogar so, dass, sobald die Sonne scheint, die Schatten enthüllt werden und »ans Licht kommen«. Doch das Umgekehrte ist ebenso wahr, dass es nämlich ohne Licht keine Finsternis gibt. Hinter jeder Finsternis ist ein großes Licht verborgen. Je tiefer die Finsternis ist, die wir erfahren, desto strahlender ist das Licht, das wir alsbald hinter der Finsternis auflodern sehen werden.

Wir leben hier auf Erden in einer Welt der Polaritäten oder Dualitäten, wie etwa Tag und Nacht, Mann und Frau, Gut und Böse, Liebe und Hass. Für all diese Dualitäten gilt, dass ihre beiden Aspekte jeweils das Gleichgewicht zueinander halten. Folglich können wir – in Bezug auf die Polarität von Licht und Finsternis – sagen, dass die Kraft dieses Lichtes der der Finsternis genau entspricht. Anders ausgedrückt: Weil das Licht die verborgene Seite hinter der Finsternis beziehungsweise deren Kehrseite ist, ist die Kraft des Lichtes genauso stark und intensiv wie die Kraft der Finsternis, durch die wir hindurchgeschritten sind.

Nun ist es so, dass wir die heilsame Kraft des Lichtes nur erleben werden, wenn wir uns selbst nicht in Zynismus, Selbstmitleid oder Verbitterung – und folglich in der Finsternis – kasteien, sondern es wagen, durch den Schmerz hindurchzugehen und dabei alle diese dunklen Gefühle loszulassen, Stück für Stück. Nur derjenige, der den Mut hat, durch diese hindurchzugehen und sie loszulassen, wird das Tor zum Licht finden. Gelingt uns dies nicht, bleiben wir Gefangene der Dunkelheit.

Der Schutz, den Michael uns gewährt

In der heutigen Phase der menschlichen Entwicklung sind wir schwache, verletzliche Wesen, die nur all zu leicht an die Finsternis verloren gehen und von ihr überwältigt werden können. Daher wird die Finsternis nicht in all ihrer destruktiven Kraft über uns ausgegossen – auch wenn es oft so erscheint! – sondern (mit irdischen Worten ausgedrückt) auf dosierte Weise, so dass wir sie ertragen können.

Dieses Geschenk, dass die Finsternis in Zaum gehalten

wird, verdanken wir Michael, der ja Ahriman (das dunkle Wesen, das in der Bibel als »Satan« bezeichnet wird) bezwungen hat und daher imstande ist, uns vor dem allerschlimmsten Übel zu bewahren, dem kein Mensch gewachsen ist. Sich mit dem großen Erzengel Michael innerlich zu verbinden, bedeutet auch, dass man sich dieses Schutzes – nämlich der Eindämmung des Bösen – mit einem Gefühl von Dankbarkeit bewusst wird.

Stärker, als wir selbst es uns vorstellen können

Ich vermute, dass es nun eine ganze Reihe von Leserinnen und Lesern gibt, die die obigen Zeilen mit Kopfschütteln gelesen haben; denn uns schwachen kleinen Menschen erscheint das Böse, das wir so manches Mal durchmachen müssen, übermächtig und überwältigend. Daher fällt es uns schwer zu erkennen, wie wahr es ist, dass Michael uns in all den Krisen, die wir durchlaufen haben, beschützt hat, und auch, dass er uns bei den Krisen, in die wir noch geraten werden, vor dem Schlimmsten bewahrt. Wer es lernt, dies bis in sein tiefstes Innerstes hinein zu begreifen, findet darin Trost und Ermutigung in dunklen Zeiten.

Die Tatsache, dass Michael all dieses Böse überhaupt zulässt (aber nur bis zu einer bestimmten Grenze), rührt wahrscheinlich auch daher, dass er uns für viel stärker und kraftvoller hält, als wir uns selbst einschätzen. Wenn wir eine Krise durchmachen, geraten wir irgendwann an den Punkt, an dem wir denken, dass wir es jetzt wirklich nicht mehr

21

meistern können, weil diese Prüfung für uns zu heftig und zu schwer ist. Doch Michael sieht das anders. Es ist, als wollte er sagen: »Ihr seid viel stärker, als ihr denkt. Im Grunde ist Willenskraft etwas Unerschöpfliches. Denkt daher nicht zu klein über euch selbst.«

Michael ist somit auch bestimmt kein sanftmütiger Engel. Wer es lernt, in seinem Inneren auf ihn zu lauschen, kann ihn Folgendes sagen hören: »Nur so – und nicht anders – ist es möglich, den großen geistigen Gewinn zu erzielen, der für euch heute in dieser heftigen Zeit reserviert ist. Diesen Gewinn könnt ihr wirklich nur dann erhalten, wenn ihr die Prüfung bestanden habt – und nach eurem eigenen Empfinden bis aufs Äußerste geprüft worden seid.«

Doch wie sehr freut er sich über jeden Menschen, dem es gelingt, aus allen heftigen Lebenslektionen den Gewinn herauszuholen, den er, Michael, bereits für ihn vorgesehen hat! Das Besondere daran ist vielleicht, dass wir durch diese Erfahrung unmerklich eine so tiefe Verbindung zu Michael bekommen, dass wir diese nicht nur in diesem Leben, sondern auch in allen künftigen Leben erfahren werden.

Wir werden ihm dann sogar im Leben in der Geistigen Welt, zwischen zwei irdischen Inkarnationen, begegnen können, weil wir innerlich mit ihm verbunden geblieben sind. Bei dieser Begegnung werden wir die Kraft seiner Liebe und Inspiration in all ihrer Fülle erfahren und spüren dürfen. Wie großartig muss das sein! Das alles wird möglich, wenn sich unsere inneren Augen hier auf Erden geöffnet haben und wir uns Michael und seiner unablässigen Hilfe bewusst geworden sind. Wer dies erkennt, kann sich jetzt schon auf die

Begegnung freuen, die wir umgehend nach unserem Tod mit Michael haben dürfen.

Michael und unser Schutzengel

Der große Erzengel Michael ist ein Engel, der über unvorstellbar große, unerhörte Kräfte verfügt. Er wird seit jeher als Erzengel bezeichnet und wurde (und wird) sogar als der größte von allen Erzengeln betrachtet. Das hängt damit zusammen, dass er der führende Sonnen-Erzengel ist – verbunden mit der Sonne, dem Planeten, der die führende Kraft unseres Sonnensystems bildet.

Doch Michael ist in der Tat schon längst kein Erzengel mehr. Er ist so an Geisteskraft gewachsen, dass er inzwischen in den Rang der »Urkräfte« oder »Archai« aufgestiegen ist – in den Rang der Engelwesen, die über den Erzengeln stehen und als »Zeitgeist« wirken. Daher werden sie auch so genannt.[4] *Zeitgeister* hüten und lenken den Rhythmus der Zeit und sorgen dafür, dass der Menschheit zu jeder Zeit, in jeder Epoche, die Impulse geschickt werden, derer sie für ihre weitere geistige Entwicklung bedürfen.

Die Zeitgeister sind demzufolge die Engel, die über den Erzengeln stehen.[5] Auch Engel entwickeln sich ja immer weiter: Von einem Engel zu einem Erzengel und daraufhin zu einem Zeitgeist, einer Urkraft (Archai). Letztendlich werden wir selbst die Stufe der allerhöchsten Engel, der Seraphim, erreichen.[6]

Die Tatsache, dass Michael im Laufe der Zeit die Stufe der Zeitgeister (Archai oder Urkräfte) erreicht hat, bedeutet, dass seine Geisteskräfte die eines Erzengels bei Weitem übertreffen. Daher ist es verständlich, dass er in früheren Kulturen – beispielsweise zur Zeit von Karl dem Großen – als göttliches Wesen betrachtet wurde.[7]

Seine Ausstrahlung ist so stark, dass keiner von uns Menschen (vielleicht mit Ausnahme der allerhöchsten Eingeweihten) imstande ist, seine Energien auszuhalten. Nur wenn seine Energien indirekt oder auf ganz bestimmte Art und Weise abgeschirmt bei uns auftreffen, können wir sie ertragen. Das rührt daher, weil die Ausstrahlung der Zeitgeister für uns Menschen zu stark ist – wir würden darunter förmlich zerschmelzen. Rilke vertrat in seinen Texten im Übrigen ebenfalls die Ansicht: »Alle Engel sind schrecklich.« Anders als so viele Menschen unserer heutigen Zeit, kannte er noch eine tiefe Ehrfurcht vor den großen Kräften, die durch einen Engel hindurchwirken.[8]

Daher wirkt Michael am liebsten über unseren persönlichen Schutzengel: Seine inspirierenden Energien überträgt er auf unseren Schutzengel, der diese dann wiederum seinerseits transformiert und gleichsam abgeschwächt an uns weitergibt, so dass wir sie aushalten können.

Dabei ist es wichtig, dass wir erkennen, inwiefern die Engel eine Einheit bilden – und daher ganz leicht, gewissermaßen fließend, ineinander übergehen können. Sie sind nicht voneinander getrennt. Das ist für uns Menschen schwer zu verstehen, weil wir mehr getrennt voneinander sind als wirklich eins zu sein. Doch dank dieser relativen Einheit ist es in der Geistigen Welt so selbstverständlich, dass Michael mit seinen großen Kräften unseren Schutzengel benutzt, um uns zu inspirieren.

Mutproben

Jedes Jahr feiern am 29. September immer mehr Menschen weltweit das Michaeli-Fest. In vielen Familien, aber auch an freien Schulen, wird an diesem Tag dieses Fest gefeiert. An Schulen dürfen die Schüler zu allerhand Herausforderungen antreten, die als »Mutproben« bezeichnet werden, wie beispielsweise die Herausforderung, auf einen Baum zu klettern und dann eben noch etwas höher, als die Schüler es normalerweise wagen. Eine andere Mutprobe besteht darin, dass sich ein Kind als Ritter verkleidet und dann im Spiel den Drachen besiegt. Zudem wird manchmal ein Puppenspiel von Sankt Joris (ein anderer Name für Michael) und dem Drachen aufgeführt. So lernen die Kinder auf spielerische Weise, dass der große Erzengel Michael uns Mut und Geisteskraft beibringen will, vor allem in einer Zeit, in der so viele Herausforderungen – insbesondere geistige Herausforderungen – auf uns zukommen.

Was Kinder am Michaeli-Fest auch gerne tun, ist, einen Drachen steigen zu lassen. Im Deutschen heißt ein Papierflieger »Drachen«. Daher ist »Drachen-Steigen-Lassen« in der Tat ein Spiel, bei dem man als Kind lernt, den Drachen in Zaum zu halten und bewusst zu lenken. Spielerisch wird den Kindern auf diese Weise klar gemacht, worum es eigentlich am Michaeli-Fest geht: Darum, sich Mut und Geisteskraft anzueignen, womit es einem in schwierigen Zeiten gelingt, die Finsternis durchzustehen. Natürlich verstehen die Kinder das noch nicht, doch später wird es ihnen wie von selbst dämmern, dass Michael ihnen beibringt und dabei hilft, die inneren Dämonen in Zaum zu halten.

Für die ganz kleinen Kinder, für die diese Mutproben noch zu schwierig sind, ist das Michaeli-Fest vor allem ein Erntedankfest: Die Kinder nehmen verschiedene Früchte mit und gestalten damit einen Erntedanktisch – als Symbol für die Früchte, die die Natur uns schenkt, aber auch für den geistigen Gewinn, den wir aus den Prüfungen des Lebens ziehen können. Dieser Erntedanktisch wird auch »Jahreszeitentisch« genannt.[9]

So werden Kinder schon früh mit Michael und mit den Lebenslektionen vertraut, die er uns auftischt, aber auch mit dem Gewinn (der Ernte), den wir aus diesen Lebenslektionen schöpfen können – nämlich geistigen Mut, Vertrauen in der Finsternis und eine tiefe Verbundenheit mit der Geistigen Welt.

Gebet an Michael

Voller Respekt und Liebe bitte ich dich, Michael,
und ersuche dich um deine Hilfe,
wenn ich dunkle Erfahrungen durchmache.
Schenke mir Geduld, Vertrauen und Durchhaltevermögen,
darum bitte ich dich, so dass ich mich auch in der Finsternis
weiterhin auf die tiefe Gewissheit stützen kann,
dass nichts von dem, was uns im Leben trifft, sinnlos ist.

Wenn du mich durch die Finsternis ins Licht
führst, dann hilf mir, zu einer tieferen Einsicht zu kommen,
so dass ich beginne zu entdecken, was der Sinn meiner
Prüfungen war und was ich an geistigem Gewinn
aus dem Dunkel schöpfen durfte.
Dann werde ich erfüllt von Dankbarkeit sagen:
»Dankeschön, Michael,
für die Prüfungen,
die mir letztendlich
so viel geistigen Gewinn eingebracht haben.«

Dir, Michael, vertraue ich mich an.

3.

DIE ERSTEN DREI LEKTIONEN VON MICHAEL

Michaels Inspiration: die Weltbürgerschaft

Der große Erzengel Michael – wir bezeichnen ihn traditionellerweise noch immer als Erzengel, obwohl er, wie wir bereits festgestellt haben, nun ein Zeitgeist ist – steht seit dem Jahr 1879 auf eine neue, sehr intensive Weise mit uns in Kontakt.[10] Seit 1879 darf er nämlich ungefähr 350 Jahre lang – also bis etwa zum Jahr 2229 – mit seiner Inspiration die Menschheit anführen. Das bedeutet, dass er uns in dieser Zeit jene Impulse gibt, die wir brauchen, um uns auf die richtige Weise weiterzuentwickeln.

Wenn wir die ganz individuelle Inspiration, die wir in dieser Zeit von Michael empfangen, mit einem einzigen Wort zusammenfassen wollten, so kommen wir automatisch auf das Wort »Kosmopolitismus«. Anders formuliert: Während der Epoche von Michael ist es unser Auftrag, uns – mit vielen Rückschlägen und neuen Gehversuchen – zu Weltbürgern zu entwickeln, die das beschränkte patriotische Denken ablegen und lernen, aus der Erkenntnis heraus zu leben, dass wir alle Brüder und Schwestern sind. Michael will, dass wir das Schubladen- oder auch Klischee-Denken – überwinden, ob es sich nun um religiöse Schranken, sexuelle Klischees, geschlechterspezifisches Rollendenken oder Vorurteile gegenüber anderen Kulturen handelt. Viele der in der heutigen Zeit manchmal so besorgniserregenden Entwicklungen kann man unter diesem Blickwinkel besser verstehen.

Wir nennen Michael aufgrund der bedeutsamen Aufgabe, die er übernommen hat, den »geistigen Führer der Menschheit«, und die Epoche, in der er uns inspiriert, die »Regentschaft Michaels«. Doch wie fügt sich diese Tatsache in das größere Ganze ein?

Die sieben Erzengel und ihre Regentschaft

Das esoterische Christentum berichtet, dass die sieben am höchsten entwickelten Erzengel die Menschheit etwa 350 Jahre lang anführen dürfen.[11] Dabei geben sie der Menschheit – und zwar jeder von ihnen aus der einzigartigen persönlichen Begeisterung heraus, die ihm zu eigen ist – die Impulse, die sie für ihre weitere Entwicklung benötigen. Jeder Erzengel schenkt der Menschheit dabei einen anderen Impuls, so dass wir uns nicht einseitig entwickeln, sondern ein vielseitiges Menschenkind werden – in Übereinstimmung mit dem göttlichen Plan.

So lösen demnach sieben verschiedene Erzengel – und damit auch sieben Regentschaften – einander ab, bevor ein neuer Reigen von sieben Regentschaften beginnt. Der letzte (und derzeitige) Reigen sieht wie folgt aus:

Orifiel	200 v. Chr.	–	150 n. Chr.
Anael	150 n. Chr.	–	500 n. Chr.
Zachariel	500 n. Chr.	–	850 n. Chr.
Raphael	850 n. Chr.	–	1190 n. Chr.
Samael	1190 n. Chr.	–	1510 n. Chr.
Gabriel	1510 n. Chr.	–	1879 n. Chr.
Michael	1879 n. Chr.	–	2229 n. Chr.

An diesem Schema können wir ablesen, dass die Regentschaft Michaels die Vollendung des Reigens von sieben Regentschaften bildet, die einander ablösen. Seine Regentschaft ist damit die Krönung einer bestimmten Epoche und zugleich die Vorbereitung auf den Übergang in eine ganz neue Entwicklung.

Jede siebte Regentschaft ist somit eine *michaelische Periode*. Doch in den Epochen, in welchen die anderen sechs Erzengel die Führung haben, wirkt Michael soweit wie möglich durch diese hindurch. Das bedeutet, dass er im Grunde fortwährend mit der Entwicklung der Menschheit beschäftigt ist. Zu den Zeiten jedoch, in welchen er selbst ganz direkt die Führungsposition innehat, kann er sein eigenes Wesen zur Geltung bringen, was in den anderen sechs Epochen natürlich nicht oder viel weniger möglich ist.[12]

Bevor Michael die Führung der Menschheit in die Hände nahm, lag die Regentschaft – wie wir es im obigen Schema ablesen können – in den Händen von Erzengel Gabriel. Dessen Inspiration war eine ganz andere als die von Michael. Die Inspiration durch den Erzengel Gabriel führte dazu, dass der Mensch während seiner Regentschaft seine Aufmerksamkeit mehr und mehr auf die Erde zu richten begann.

So kam es, dass die Menschheit (insbesondere die Menschen im Westen) in jener Zeit in der technischen Entwicklung große Fortschritte gemacht hat. Gabriels ganz individuelle Inspiration wird durch ein Beispiel, das wir in der Bibel finden können, illustriert – nämlich durch die Tatsache, dass er der Erzengel war, der Maria die Geburt Jesu angekündigt hat. Die Tatsache, dass es Gabriel war, der diese Geburt ankündigte, bedeutet, dass er auch der Engel war, der Jesus bei seinen letzten Schritten aus der Geistigen Welt in die irdische Inkarnation begleitet hat. An diesem besonderen Ereignis können wir ablesen, welche Aufgabe der Erzengel Gabriel hatte: Er sollte uns Menschen mit dem irdischen Leben vertraut machen und uns in dieses einführen. Das galt nicht nur für das Individuum, wie Jesus von Nazareth, sondern auch für die Menschheit in ihrer Gesamtheit.

Wollte man die Regentschaft von Erzengel Gabriel (die im Jahr 1879 endete) mit wenigen Worten zusammenfassen, kommt man zu folgender Aussage: »Er machte uns die irdischen Geheimnisse von Geburt und Tod bewusst.« Siegfried Werner Munk schrieb ein tiefgründiges Buch über Michael. Darin bemerkt er zu Gabriel: »Gabriel herrscht über die physischen Vererbungskräfte in der Menschheit, er wirkt in der Folge von Generationen und ist der Schutzpatron von Müttern und Gebärenden.«[13]

Das alles bedeutet, dass wir uns während seiner Regentschaft bewusst werden, was die Geheimnisse von Geburt und Tod aus irdischer Sicht (also nicht aus geistiger Sicht) ausmacht. Wie verläuft eine Geburt? Was geht einer Geburt voraus? Wann stirbt ein Menschenkörper eigentlich?

Vom »Warum« zum »Darum«

Die Inspiration und Energie von Michael ist eine ganz andere: Er will uns gerade wieder die Geistige Welt bewusst machen, so dass der Mensch wieder lernt, aus einer inneren Verbindung mit der Welt des Geistes heraus zu leben. Um das zu erreichen, zieht Michael – um es mit einem einfachen Bild auszudrücken – den Schleier beiseite, der jetzt schon jahrhundertelang die Geistige Welt beinahe vollständig von der Erde abgeschnitten hielt. Dadurch wurde diese für uns immer mehr zu einer verborgenen, geheimen Welt.

Diese große Tat von Michael – nämlich den Schleier beiseite zu ziehen und uns Schritt für Schritt mit der Geistigen Welt in Verbindung zu bringen – bewirkt, dass er uns in unserer heutigen Zeit allerhand spirituelle Erfahrungen schenkt, die uns helfen, uns der Geistigen Welt wieder bewusst zu werden: Nahtod-Erfahrungen, Engel-Erscheinungen, Botschaften von Verstorbenen und das Erleben der bleibenden Verbindung mit unseren geliebten Verstorbenen. Auch die steigende Zahl der Christus-Erscheinungen führt dazu, dass die Menschen, die eine solche erleben, sich der Geistigen Welt bewusst werden.[14] Die Folge all dieser Erfahrungen ist, dass für immer mehr Menschen in unserer Zeit die Geistige Welt zur Realität wird. Viele von ihnen sagen dann auch von sich selbst, dass sie nicht (mehr) Glaubende, sondern Wissende sind.

Darüber hinaus schenkt uns Michael Einblick in die Geheimnisse von Karma und Reinkarnation. Immer mehr Menschen in unserer Zeit erklären, dass sie nicht an Karma und Reinkarnation glauben, sondern innerlich davon überzeugt sind, dass ein Mensch vielmals auf die Erde kommt, um dort seine Lektionen zu lernen. Durch diese Erkenntnis werden sie sich bewusst, dass sie eigentlich geistige Wesen sind, die ab und zu auf die Erde kommen, um geistig wachsen und sich an den Lebenslektionen, die sie hier durchmachen, weiterentwickeln zu können.

Außerdem macht ihnen die Erkenntnis, was Karma eigentlich bedeutet – Taten oder Handlungen aus einem früheren Leben, die direkt in das jetzige Leben hinein- und darauf einwirken – bewusst, dass sie für sich selbst verantwortlich sind. Sie sagen: »Die Lektionen, die ich in diesem Leben durchmache, sind weder Schicksalsschläge noch eine Strafe, sondern Lektionen, die ich selbst in meinen vorangegangenen Leben hervorgerufen habe.«

Jemand sagte mir: »Ich kann und darf folglich – und es ist mir, als ob ich das Michael höchstpersönlich sagen höre – nicht beim »Warum« stecken bleiben, wenn mir etwas passiert, denn es ist meine Lebensaufgabe, herauszufinden, was ich aus dieser Erfahrung zu lernen habe.« Das bedeutet folglich, dass Michael uns lehrt, den Weg zu gehen, auf dem wir – anstelle nach dem »Warum« zu fragen – dem »Darum« entgegenwachsen. Es wird somit jedem ganz klar geworden sein, dass eine solche Entwicklung und ein solches geistiges Wachstum Geduld erfordern – viel Geduld und Durchsetzungsvermögen. Doch jeder, der diesen Weg gegangen ist, wird auf eine diesbezügliche Frage hin erklären, wie bereichernd es letztendlich ist, wenn man diese neue Einsicht in das »Darum« erwerben und sich zu eigen machen darf.

Durch die Brille von Michael betrachtet

Wir müssen uns diesen Übergang von der Regentschaft von Gabriel in die von Michael nicht als einen abrupten Übergang vorstellen, als ob im Jahr 1879 von einem Tag auf den anderen die Inspirationen des Erzengels Gabriel versiegt sind und durch die Michaels ersetzt wurden. Es ist vielmehr so, dass um das Jahr 1879 herum die Inspirationen durch Gabriel langsam abzunehmen begannen, während zugleich die Inspirationen durch Michael anfingen, auf die Herzen der Menschen einzuwirken.

Heute jedoch, nach beinahe 150 Jahren, dürfen wir feststellen, dass die Michaels-Energie in vollem Umfang aktiv geworden ist und stark auf die Menschheit einwirkt. Wer etwas von unserer Zeit und den vielen stürmischen Entwicklungen begreifen möchte, die sich gerade vollziehen, kann dies nur, indem er Einblick in die Inspirationen von Michael und das intensive Wirken gewinnt, das dieser – für ungeschulte Augen unsichtbar – hinter dem Schleier verrichtet, in den die sichtbare Welt eingehüllt ist. Dabei ist es der große Wunsch Michaels, dass wir uns für das öffnen, was er uns lehren will, und dass wir bereit sind zu lernen, durch die Brille zu schauen, die er uns entgegenstreckt. Nur dann, wenn wir durch diese geistige Brille schauen, die er uns schenkt, werden wir es lernen, die vielen chaotischen Ereignisse und Entwicklungen unserer Zeit zu ergründen und zu verstehen.

Die ersten drei Lektionen von Michael

Wir haben bisher erkannt, dass Michael uns während seiner Regentschaft mindestens zwei wichtige Lektionen beibringen möchte:

1. *Dass wir zu Weltbürgern werden und uns für andere Einsichten und andere Lebensformen öffnen.*
2. *Dass wir uns der Geistigen Welt bewusst werden.*

Doch diese Lektionen bilden nur den Auftakt (oder die Basis) für die folgenden Lektionen, die er uns vorlegt.

4.

ÜBER FREIHEIT, LIEBE UND DEN VERLUST UNSERER SEELE

Michael fordert uns auf, unsere Freiheit zu bewahren

Der große Erzengel Michael hat inzwischen schon viele Male als Regent für das Wachstum und die Entwicklung des Menschen auf der Erde wirken dürfen. Das letzte Mal (vor seiner heutigen Regentschaft) war es zur Zeit des mazedonischen Königs Alexander des Großen, als dieser den Impuls von der griechischen Philosophie und Wissenschaft – oder der griechischen Kultur – in den Osten brachte. Er lebte im vierten Jahrhundert vor Christus, nämlich von 356 bis 323 v. Chr. Sein Aufbruch in den Osten ging mit vielen Kriegen einher. Auf die Frage, warum er so viele Kriege führte, antwortete er: »Das ist von der Vorsehung so eingerichtet, weil wir die Diener ihres Willens sind; denn die See bewegt sich nicht, wenn kein Wind weht, und die Bäume wiegen sich nicht ohne den Sturm. Auch der Mensch ist ohne Vorsehung nicht handlungsfähig. Auch ich würde gern aufhören, Kriege zu führen, doch der Herr meines Willens lässt es nicht zu.«[15]

Es ist schon aufschlussreich, dass Michael ebenfalls als der »Herr des Willens« bezeichnet wird. Er war nämlich der Führer des Schicksals von Alexander. Er war Alexander im Traum erschienen. Daher ist nachvollziehbar, dass über Alexander gesagt wird, dass er der »Diener eines michaelischen Impulses« war, »der der gesamten Menschheit zugute kommen sollte«. Wer etwas über die Entwicklungsgeschichte der Menschheit weiß, erkennt auch, wie entscheidend für die ganze weitere Zukunft der Menschheit dieser Aufbruch von Alexander in den Osten war.

Nun haben wir bereits festgestellt, dass eine Michaels-Epoche sowohl die Krönung als auch der Übergang in einen neuen Reigen von sieben Erzengel-Regentschaften ist. Daher ist eine Michael-Zeit auch immer eine heftige Zeit – das haben wir schon am eben angeführten Beispiel von Alexander dem Großen gesehen. Der große Erzengel fegt ja alte Lebensformen, alte Strukturen und alte Denkmuster beiseite, so dass Raum entsteht für eine ganz neue Lebens- und Denkweise sowie für ein neues Zusammenwirken. Durch diesen Bruch möchte er den Schritt hin zu höheren Erkenntnissen – also zu höheren Entwicklungen – ermöglichen.

Dabei dürfen wir betonen, dass es selten eine Regentschaft von Michael gab, in welcher der Übergang, den er uns bescheren kann, so heftig und so tiefgreifend war wie die heutige Zeit. Dass beispielsweise in den vergangenen Jahren insbesondere in Europa ein großer Zustrom von Menschen aus der arabischen und/oder islamischen Welt stattgefunden hat – und damit folglich auch ein Zustrom vieler Menschen mit einer ganz anderen Kultur, einem anderen Glauben und einer anderen Lebenseinstellung – ist charakteristisch für Michael. Aus irdischer Sicht könnte man sagen: Er treibt uns damit in die Enge und lässt uns nicht auskommen. Nun müssen die Menschen lernen, so verschieden sie auch sind, in Respekt vor den individuellen Eigenheiten des anderen miteinander auszukommen. Folglich dürfen Religionen einander nicht ausschließen, sondern müssen lernen, einander respektvoll zu begegnen. Dabei geht es Michael darum, dass wir aus einer tiefen Ehrfurcht für die Freiheit heraus diesen Respekt für die jeweils individuelle religiöse Überzeugung des anderen aufbringen. Damit meint Michael (auch) die Freiheit eines jeden Menschen, sich aus freien Stücken für ein Leben (oder eine Lebensüberzeugung) zu entscheiden, die zu ihm passt.

Die Notwendigkeit, Gruppendenken zu überwinden

Gestatten Sie mir zunächst einen kurzen Exkurs, bevor ich mit dem Thema der Freiheit fortfahre, die Michael uns schenken möchte. Am Ende des letzten Textabschnittes stellt sich für viele von Ihnen, liebe Leserinnen und Leser, vermutlich die Frage: »Warum ist es eigentlich so wichtig, Nationalismus, Rassismus und Dogmatismus zu überwinden?«

Hans von Sassen schreibt darüber kurz und bündig: »Seit dem Tod und der Auferstehung Christi mussten die gesellschaftlichen Normen nach und nach immer mehr gelockert werden, um die Entwicklung des Menschen hin zur Selbstständigkeit zu ermöglichen. Von diesem Moment an gingen die Gegenspieler (Luzifer und Ahriman, oder der Teufel und der Satan) dazu über, die Bindung an einen Stamm, ein Volk und eine Rasse zum Kern ihres Bestrebens zu machen. Dies ist nun seit 1879 voll und ganz der Fall. Es sind vor allem die ahrimanischen Wesen, die seit jenem Jahr auf Erden aktiv wurden, die den Nationalsozialismus und das, was wir gegenwärtig als Rassismus bezeichnen, inspirieren. Nichts wird die Menschheit mehr in eine fatale Abwärtsbewegung stürzen als das Festhalten an den Idealen von Stamm, Volk, Nationalität und Rasse.[16]

Die michaelische Lektion von der Freiheit

Die Aufgabe, die Michael uns bei alledem anvertraut, besteht folglich darin, die Freiheit zu bewahren. Das bedeutet, dass wir lernen, dem anderen – auch in Beziehungen! – seine Entscheidungsfreiheit selbst zu überlassen. Doch es bedeutet genauso, dass wir es wagen, uns auch selbst aus freien Stücken für ein Leben zu entscheiden, das zu uns passt. Diese Lektionen von der Freiheit und dem gegenseitigen Respekt dürfen wir möglicherweise als die wichtigsten Lektionen erachten, die Michael uns präsentiert. Alle Stürme unserer heutigen Zeit sind darauf ausgerichtet, die Menschheit dazu zu bringen, sich diese Hingabe ebenfalls anzueignen.

Hier ein Beispiel: Die Tatsache, dass in der aktuellen Michael-Periode der *Arabische Frühling* stattfand, ist typisch für das, was Michael bewirkt. Er legte (und legt) das Bedürfnis nach Freiheit in die Herzen so vieler Menschen (in diesem Fall in der arabischen Welt) hinein. Doch was wir seitdem an Auswirkungen dieses *Arabischen Frühlings* erlebt haben, verdeutlicht, dass die Freiheit durchaus gelernt sein will. Der Mensch muss nämlich lernen, wie er mit dieser Freiheit umgehen muss.

Man macht nicht selten die Beobachtung, dass Menschen, die die Freiheit zum ersten Mal erleben dürfen, in der darauffolgenden Periode oft in die Opferrolle fallen. Sie machen andere dafür verantwortlich, was in ihrem Leben schiefläuft. Dies rührt daher, dass sie noch lernen müssen, die Verantwortung für ihr eigenes Leben auf sich zu nehmen und nicht mehr, wie es früher immer der Fall war, als sie noch unfrei waren, andere für alles verantwortlich zu machen, was ihnen widerfährt. Freiheit will gelernt sein! Daher stellt sich nach dem Erwerb der Freiheit die Aufgabe zu lernen, Verantwortung für das eigene Leben und für alles zu übernehmen, was man in diesem erlebt.

Man kann dies auch anders formulieren, und zwar so: In erster Linie ist bei unfreien Menschen deren gesamte Aufmerksamkeit und Streben darauf ausgerichtet, Freiheit zu erlangen. Doch sobald sie diese erst einmal erreicht haben, erfordert es einen harten Weg der geistigen Entwicklung und des geistigen Wachstums, um zu entdecken, dass es nicht nur darum geht, von fesselnden Bindungen oder Unterdrückung befreit zu werden, sondern vielmehr darum, frei zu sein für bestimmte Dinge, um nämlich anderen Liebe, Hilfe und Unterstützung zu schenken.

Diese michaelische Lektion über das wahre Wesen der Freiheit wird sowohl dem Individuum als auch jedem Volk auf viele unterschiedliche Art und Weisen präsentiert. Werfen Sie einmal kurz einen Blick auf Ihr eigenes Leben: Welche Erfahrungen, die Sie selbst gemacht haben, waren im Grunde dazu bestimmt, Sie in Ihre Selbstständigkeit zu führen, um Sie zu lehren, auf eigenen Beinen zu stehen und infolgedessen zu lernen, in Freiheit zu leben? Welche Lektionen erhielten Sie anschließend, um zu lernen, mit dieser Freiheit richtig umzugehen?

Die wahre Liebe

Doch warum ist es Michael so wichtig, dass wir freie Menschen werden? Dass wir nicht nur lernen, dem anderen Freiheit einzuräumen, sondern auch uns selbst von allen möglichen Formen der Abhängigkeit freizumachen, so dass wir freiwerden, selbst zu beschließen, wie wir leben wollen und welches unsere Lebensziele sind? Darüber gibt es viel zu sagen, doch im Augenblick möchte ich einstweilen nur festhalten, dass unsere Freiheit für Michael deshalb so wichtig ist, weil sie die Basis für die zukünftige Entwicklung der wahren Liebe ist. Sergej Prokofieff schreibt: »Michael selbst offenbart heute, wie die menschliche Freiheit die einzige Basis für die Entfaltung der wahren Liebe bildet.«[17]

Darum geht es Michael also: Um eine Freiheit, die das Wachstum hin zu einer höheren Form der Liebe ermöglicht, die nicht egoistisch, sondern vielmehr selbstlos ist – eine Liebe, die unserem Höheren Ich entspringt und nicht an unser Ego gebunden ist. Für diese Liebe ist die Freiheit eine essenzielle Grundvoraussetzung.

Man kann sogar sagen, dass diese michaelische Freiheit die Basis für eine ganz neue Entwicklung des Menschen legt, bei der wir unseren Egoismus mehr und mehr überwinden und erreichen, dass wir in der Ebene unseres Höheren Ichs leben – eine Freiheit, die es ermöglicht, dass wir unser Denken von einem rein verstandesmäßigen Denken, das an den Kopf und das Gehirn gebunden ist, in ein höheres, intuitives, geistiges Denken heben.

Wer diese zukünftige Entwicklung auf sich einwirken lässt, begreift, wie wahr es ist, dass Michael in unserer heutigen Zeit mit Hilfe seiner Inspirationen und Impulse – und insbesondere dadurch, dass er uns die Freiheit schenkt – eine neue Epoche vorbereitet, in der die Menschen einen großen Sprung in ihrer Entwicklung tun werden, nämlich weg von einem materialistisch denkenden Menschen hin zu einem geistig denkenden Wesen, weg von einem egoistischen Menschen hin zu einem altruistischen und weg von einem Menschen mit Scheuklappen hin zu einem Menschen, der wissend ist.

Der Verlust unserer Seele – und folglich von Gott

Doch das ist noch nicht alles. Vor einiger Zeit erhielt ich eine kurze E-Mail von einer Frau, die aus Ungarn stammt, aber nun schon seit vielen Jahren in den Niederlanden wohnt. Sie berichtete, dass sie unter der Tatsache litt, dass so viele Niederländer (anders als die Ungarn) ihre Seele verloren zu haben scheinen. Dies bereite ihr, so schrieb sie, bis zum heutigen Tag persönlich direkten körperlichen Schmerz.

Dies ist eine Feststellung, die vielen vielleicht befremdlich klingen mag, doch ich bin der Meinung, dass diese Wahrnehmung richtig ist. Niederländer sind (vielleicht noch ein

Stück weit mehr als andere europäische Völker) sehr materiell ausgerichtet – nicht einmal so sehr in ihrer Lebensweise im Alltag, als vielmehr vor allem in ihrer Denkweise.

Man denke nur an die Tatsache, dass viele sagen, dass nur das existiert, was sichtbar und beweisbar ist. Man denke an die Tatsache, dass für viele der Tod das definitive Ende ist und es keine Geistige Welt gibt. Man denke an die Tatsache, dass für immer mehr Menschen auch ein göttliches Wesen – Allah, Christus, Michael oder Gott – nicht existiert. Man denke an die Tatsache, dass immer mehr Menschen über ein vollendetes Leben sprechen, wenn sie älter werden, obgleich es noch genügend Lektionen zu lernen gibt. Wieso ist ein Leben vollendet, obgleich wir aus den Lektionen der Hingabe, der Abhängigkeit von anderen (wie schwer diese auch zu akzeptieren ist) und von innerer Stille noch so viel lernen können? Lektionen, aus welchen wir einen geistigen Gewinn schöpfen können, der uns sowohl im Leben nach dem Tod als auch im nächsten Leben auf Erden umso vieles reicher macht?

Äußerungen wie oben beschrieben, die in unserer heutigen Zeit so geläufig geworden sind und alles leugnen, was nicht beweisbar ist, zeigen, wie materialistisch oder wie kurzsichtig viele Niederländer in ihrem Denken geworden sind. Die Dame aus Ungarn, die mir diese Nachricht per E-Mail geschickt hat, erfährt – so schrieb sie – eben diese Lebenshaltung als den Verlust unserer Seele. Wir leben in der heutigen Zeit vor allem in der Ebene des »verdorrten« und beschränkten Denkens unseres Kopfes, schrieb sie, mehr als in der warmen, lebendigen Sphäre unserer Seele.

Auf diesen Verlust ist die folgende Lektion gemünzt, die Michael uns vorlegt, nämlich zu lernen, wieder in Verbundenheit mit unserer Seele zu leben. Unsere Seele (die in direkter Verbindung mit unserem Herzen steht) weiß und spürt ja so viel mehr als unser Verstand erfassen kann. »Lernt, mit dem Herzen zu denken«, sagt er. »Werdet euch bewusst, dass euer Herz die Antworten auf Fragen weiß, auf die euer Kopf keine Antwort hat – und erweckt auf diese Weise eure Seele zum Leben.«

Die Brille, die andere uns aufsetzen

Für Michael ist diese Lebenslektion, bei der wir lernen, unsere Aufmerksamkeit vom Kopf auf das Herz zu lenken, sogar von entscheidender Bedeutung; denn nur dann können die höheren Kräfte des Geistes durch unsere Seele hindurch wirken und aktiv werden. Nur dann können Menschen sich der Geistigen Welt bewusst werden. Nur dann werden sie begreifen, dass der Tod der Übergang in eine andere, höhere Welt ist – ein Übergang also, und kein Ende. Nur dann werden wir begreifen, dass wir Menschen bis zum letzten Tag unseres Lebens auf Erden die Lektionen der irdischen Lebensschule zu lernen haben. Wie wir diesen Weg gehen müssen – den Weg vom Kopf zum Herzen – beschreibe ich in späteren Kapiteln, und zwar ab Kapitel 14.

Was mir meine E-Mail-Korrespondentin außerdem noch bewusst machte, war Folgendes: Sie zeigte mir, wie wichtig es ist zu lernen, durch die Brille der Menschen aus anderen Kulturen sich selbst und die eigene Kultur zu betrachten.

Das kann – zumindest wenn man bereit ist, in den Spiegel zu schauen – auch wirklich zu einer neuen, erweiterten Sichtweise verhelfen. So gesehen ist es im Grunde ein Geschenk, wenn Menschen, die von einem anderen Land in die Niederlande kommen und sich mit unserer Kultur verbinden, es uns wissen lassen, wie sie die Dinge sehen!

Zusammenfassend dürfen wir sagen, dass Michael uns – nach den ersten vier Lektionen – Folgendes lehren will:

1. *Michael möchte uns beibringen, sowohl anderen als auch uns selbst Freiheit zu schenken.*
2. *Michael will, dass wir uns bewusst werden, dass die wahre, höhere Liebe nur dann möglich wird, wenn wir freie Menschen sind.*
3. *Außerdem möchte er uns beibringen, aus unserer Seele und unserem Herzen heraus zu leben und zu denken, und nicht nur mit unserem Kopf. Unser Denken muss im Dienste dessen stehen, was unsere Seele über unser Fühlen und Erleben schon intuitiv weiß.*

Wer sich diesen Aufgaben widmet, wird automatisch zu Michaels Helfer. Dadurch entsteht eine tiefe Verbindung zu ihm, die immer stärker auf uns einwirken und unser Leben und Denken bestimmen wird, nicht nur in diesem, sondern auch in den nachfolgenden Leben.

5.

MICHAELS VÄTERLICHE LIEBE

Alles ist Dualität

Michael wird auch als »Botschafter der Liebe« bezeichnet. Einerseits ist dieser Ehrentitel verständlich, denn Michael schenkt uns ja die Freiheit, uns eine Entwicklung in eine höhere Form der Liebe zu ermöglichen; doch andererseits wirft dieser Ehrentitel auch Fragen auf. Im vorangegangenen Kapitel stellten wir fest, dass ausgerechnet Michael derjenige ist, der mit seinen Impulsen alle möglichen Krisen heraufbeschwört und uns damit auf unserem Weg große Probleme, heftige Emotionen und einschneidende Erlebnisse beschert. All diese Krisen und Prüfungen erscheinen uns eher wie das Gegenteil von Liebe. Michael tut das übrigens, wie wir gesehen haben, weil wir gerade dadurch wachsen und uns weiterentwickeln können.

Die oben beschriebenen Überlegungen werfen dann natürlich schon die Frage auf, warum Michael denn nun eigentlich als »Botschafter der Liebe« bezeichnet wird? Damit wir das verstehen können, müssen wir wissen, dass die Liebe zwei Aspekte kennt: Wie wir bereits festgestellt haben, wird alles, was hier auf Erden lebt und sich bewegt, von dem der Erde eigenen Muster geprägt – dem Muster der Dualität oder Polarität. So ist ein Mensch beispielsweise männlich oder weiblich. Auch ist es so, dass unsere Füße auf der Erde stehen, wir jedoch mit unserem Kopf im Himmel leben. Zudem haben wir ein Innen- und ein Außenleben. Es gibt eine Welt in uns und eine Welt um uns herum. Die Höhe wird von der Tiefe gespiegelt.

Sogar für das Mysterium Christi gilt diese Dualität: Einerseits lebt der Christus-Impuls in uns, doch andererseits kommt der Christus von außen als ätherische Gestalt auf uns zu. Es gibt also einen Christus, der innerlich zu mir spricht und in mir geboren werden möchte, und es gibt auch einen Christus, der außerhalb von mir lebt, von außen auf mich zukommt und zu mir spricht. Ich muss zwischen diesen beiden Polaritäten nicht wählen, sondern ich darf sie als die beiden Möglichkeiten erleben, auf die sich der eine Christus hier auf Erden an mich wendet.

Für mich persönlich ist übrigens die Erkenntnis dieser Dualität eine echte Entdeckung gewesen. In der Kirche wird über den Christus immer als jemand gesprochen, der außerhalb von mir lebt und von außen auf uns zukommt. Doch in spirituellen Kreisen wird über ihn hingegen vor allem als eine Kraftquelle gesprochen, die in uns lebt. Über lange Jahre hinweg fühlte es sich für mich so an, als würde ich gezwungen, zwischen diesen beiden zu wählen. Doch das konnte ich nicht. Nun habe ich begriffen, dass das Gesetz der Dualität, die das Leben hier auf Erden beherrscht, bedeutet, dass beides stimmt: Einerseits lebt der Christus-Impuls in mir, andererseits aber kommt der Christus auch als ätherische Gestalt zu mir.

Mütterliche Liebe

Dieses Gesetz der Dualität gilt auch für die beiden Aspekte der Liebe, die man – wie es in der Vergangenheit meist üblich war – als »mütterliche« und »väterliche« Liebe bezeichnen könnte. Jahrhundertelang hat man dies so gesehen:

- Die mütterliche Liebe ist vor allem tröstend, fürsorglich und einhüllend.
- Sie nimmt uns so an, wie wir sind – mit all unseren guten Seiten, aber auch mit all unseren Schwächen.
- Sie hat ein warmes Gespür für unser Inneres. Sie erspürt durch die Kraft ihrer Liebe ohne Worte, was in uns lebt.
- So weiß man als Kind, dass man im Herzen seiner Mutter lebt und daher sicher ist, was auch geschieht, und was auch immer man tut oder sagt.
- Mütterliche Liebe versucht außerdem, unseren Weg so zu ebnen, dass wir als Kind nicht straucheln oder fallen müssen (was natürlich dennoch geschieht, aber dann ist da sofort der mütterliche Trost mit dem Küsschen auf das aufgeschürfte Knie).

Leider hat nicht jeder diese mütterliche Liebe in seiner Jugend erfahren dürfen. Bei wem dies der Fall war, der weiß, wie schwer es ist, trotz dieser fehlenden Liebe seinen Weg im Leben zu finden. Derjenige weiß auch, wie schwer es sein kann, trotzdem zu lernen, an Menschen zu glauben und Menschen zu vertrauen. Wie wahr dieser Spruch doch ist: »Wer auf die wahre Mutterliebe verzichten musste, kann sich das Vertrauen in andere Menschen nur durch einen harten, schweren Weg der Selbsterziehung im Nachhinein noch zu eigen machen. Doch wer diese Liebe erleben durfte, der weiß, dass sie dem allerhöchsten Seelenadel entspringt. Der weiß, dass diese Liebe einen wohltuenden Einfluss hat, und zwar nicht nur auf Kinder, sondern auch auf all diejenigen, welchen eine wahre Mutter diese Liebe schenkt.«

Wer auf diese Mutterliebe in seiner Jugend verzichten und später daher nachträglich – dank intensiver Lebenslektionen – Selbstvertrauen und ein Gefühl von Geborgenheit im Leben erwerben musste, erwirbt sich damit eine Geisteskraft, die ihn auch in den kommenden Leben tragen und ihm zueigen sein wird. Der Mangel an Sicherheit und Geborgenheit in der Jugend und die harte Arbeit an sich selbst sind also nicht sinnlos, sondern sie können uns später einen tiefen Gewinn schenken.

Natürlich sind es nicht nur Mütter, die diese Liebe jedem schenken können – jeder – also auch jeder Mann – kann das. Jeder, der in sich selbst die Entwicklung einer mütterlichen Liebe fördern möchte. Freilich müssen wir dabei wissen, dass dies eine Fähigkeit ist, die uns nicht wie selbstverständlich zufliegt, sondern wofür harter Einsatz erforderlich ist – unablässiger Einsatz.

Väterliche Liebe

Neben der mütterlichen Liebe steht die väterliche Liebe. Manchmal heißt es sogar, dass die väterliche Liebe der mütterlichen *gegenüber steht*, wie eine echte Dualität. Die väterliche Liebe ist, so hat man durch die Jahrhunderte hindurch immer wieder gesagt, ganz anders:

- Väterliche Liebe stellt uns auf unsere Füße und gibt uns einen Rippenstoß, so dass wir uns auf den Weg machen, dem Leben entgegen.
- Starke, väterliche Liebe ist das Urbild der Verlässlichkeit. Es ist eine Liebe, die uns beschützt, und auf die wir zurückgreifen können, auch wenn wir Fehler machen. Dann ermutigt er uns, es nochmals zu versuchen und diesmal besser zu machen. Dabei lässt er uns spüren, dass er uns trotz dieses einen Fehlers immer noch genauso liebt. Mit anderen Worten: Väterliche Liebe lehrt uns, dass Fehler nicht schlimm sind, sondern dass man daran wachsen kann.
- Väterliche Liebe provoziert uns und fordert uns heraus – und zwar aus einem großen Vertrauen in unser Potenzial. So entdecken wir als Kind unsere eigenen Kräfte und lernen, darauf zu vertrauen.
- Durch diese väterliche Liebe lernen wir die Verantwortung für uns selbst, für unsere Lieben und für die Erde auf uns zu nehmen.
- Väterliche Liebe gibt uns ein anerkennendes Schulterklopfen, falls nötig, aber auch, wenn es nicht nötig ist, und bekräftigt und stärkt damit unser Selbstvertrauen.

Wenn die mütterliche Liebe umhüllend ist, ist die väterliche Liebe hingegen mehr provozierend: Seine Liebe ist es, die uns in das Leben hineinleitet. Es sind in letzter Zeit ganz viele Artikel erschienen, die beschreiben, was beispielsweise mit einem Kind geschieht, das aufgrund der Scheidung seiner Eltern nur von seiner Mutter aufgezogen wird und nicht von seinem Vater. So ein Kind, so heißt es, steht weniger stark im Leben und hat es nicht gelernt, seine Kraft anzuwenden und daran zu glauben. Dadurch, so wird in einigen Artikeln in Zeitschriften und im Internet behauptet, ist eine Generation von »Softies« entstanden, was bis in den Sport hinein spürbar ist. Manche behaupten sogar, dass das frühzeitige Ausscheiden der niederländischen Fußballnationalmannschaft in der Qualifikation für die Europa- und Welt-Meisterschaft diesem Umstand mit zu verdanken war. Unsere Fußballspieler sind, so wird geschrieben, nicht stark genug. Sie wurden in ihren jungen Jahren durch das Fehlen der provozierenden väterliche Liebe zu sehr »verzärtelt«.

Bei Mädchen führt das Fehlen des Vaters bei der Erziehung oft zu einem Mangel an Selbstvertrauen in das eigene Äußere. Der Vater ist es, der das Selbstvertrauen des heranwachsenden Mädchens mit Komplimenten über ihr Äußeres nährt. Sie braucht diese Bestärkung vor allem vom Vater, mehr noch als von der Mutter. Der Vater, ein Mann, kann seine Tochter in dem Gefühl bestärken, dass ihr Äußeres schön ist und sie sich zeigen darf.

Michaels väterliche Liebe

Michaels Liebe ist ausgesprochen väterlich. Vielleicht erkennen wir daher seine Liebe nicht direkt als solche. Das Tröstende und Zärtliche der mütterlichen Liebe erkennen wir im

Allgemeinen viel schneller als Liebe als die Provokationen des Vaters, der uns den genau nötigen Schubs gibt, den wir brauchen, um dem Leben mutig entgegen zu treten.

Michaels Liebe als väterliche Liebe ist vor allem eine provozierende Liebe. Er fordert uns (um es so einfach wie möglich auszudrücken) richtig heraus: Nun müsst ihr das Schubladendenken, in dem ihr euch sicher gewähnt habt, aufgeben, um in einer respektvollen Haltung zu lernen, mit Menschen umzugehen, die anders sind, die anders glauben, anders denken und anders leben. Er schafft eine Situation, die uns – ob wir wollen oder nicht – zu einer Entwicklung zwingt, die (wie man so schön sagt) »eine neue Gemeinsamkeit in der Vielfalt« ermöglicht.

Dabei ist es wichtig zu verstehen, dass Michael großes Vertrauen darauf setzt, dass wir imstande sind, dies auch wirklich, wenn auch mit vielen Rückschlägen und erneuten Gehversuchen, umzusetzen. Wenn wir auch nur ein wenig von dem vollkommenen Vertrauen Michaels in uns verstehen würden, dann würden wir allein schon dadurch große Schritte auf dem Weg in eine solche neue Gemeinsamkeit setzen. Es ist in diesem Zusammenhang auch wichtig, zu versuchen, dieses Vertrauen Michaels in uns so konkret wie möglich zu spüren. Gelingt uns dies auch nur ein wenig, dann werden wir das umgehend von innen erleben, und zwar als eine Art Kraftimpuls oder Energieblitz, der uns durchläuft und uns zu michaelischem Handeln anregt.

Die väterliche Liebe Michaels wirkt über Herausforderungen: Er sorgt für Chaos und für einen Umsturz des Bestehenden, denn dann kommen die Menschen in Bewegung, und es entstehen Möglichkeiten für neue Entwicklungen. Man denke allein schon an die ökonomische Krise zu Beginn des 21. Jahrhunderts, die mittlerweile hinter uns liegt und immer mehr Menschen auf die Frage stieß, ob denn das ökonomische System nicht reformiert werden müsse. Man könnte sagen: Eine solche Krise ist der väterliche Anstoß, den Michael uns gibt. Es wird deutlich werden, dass Michael uns, wenn dieser sanfte Schubs nicht die gewünschte Reaktion hervorruft und folglich keine Transformation des Wirtschafts- oder Geldsystems in Gang setzt, dann einen noch derberen Rippenstoß verpassen wird, um uns in Bewegung zu bringen und uns den nötigen Impuls für die dringend notwendigen Reformen des Wirtschaftssystems zu vermitteln.

6.

MICHAELS UNTERSCHIEDLICHE IMPULSE

Michaels unterschiedliche Impulse

Wer sich erst einmal der vielen – und manchmal sehr heftigen – Rippenstöße bewusst wird, die Michael uns verpasst, und zwar sowohl jedem von uns persönlich als auch der Menschheit in ihrer Gesamtheit, der beginnt zu entdecken, dass Michael noch auf ganz anderen Gebieten an uns arbeitet. In den späteren Kapiteln werde ich ausführlich auf die verschiedenen Wirkungsbereiche Michaels eingehen. Doch möchte ich vorab schon einmal einen allgemeinen Überblick über das geben, was ihm am meisten am Herzen liegt.

Im vorangegangenen Kapitel habe ich bereits Themen genannt wie etwa die *Weltbürgerschaft,* das *Sich-bewusst-werden der Geistigen Welt,* das Thema der *Freiheit,* die für unsere weitere Entwicklung so dringend erforderlich ist, sowie das Erlernen der *Fähigkeit, mit unserem Herzen zu denken.* Nun füge ich noch einige weitere Themen hinzu, bei welchen wir das Einwirken Michaels recht leicht erkennen können:

- Im Bereich der *Beziehungen* bringt der Impuls Michaels uns (meist unbewusst) dazu, nach einem Kontakt von Herz zu Herz zu streben, nach einem direkten

Kontakt also. Überall, wo Menschen das (meist aus Angst oder aus Selbstschutz) heraus verweigern und sich hinter allen möglichen Ausreden verstecken, entstehen Probleme, oder es kommt sogar zu Brüchen in diesen Beziehungen. Wer kennt es nicht aus seinem eigenen Leben, dass Beziehungen »versanden«, wenn man fortwährend das Gefühl hat, dass man den anderen nicht wirklich erreicht?

Die vielen Trennungen in Beziehungen in unserer heutigen Zeit (Ehescheidungen, Brüche in Familienbeziehungen und/oder Freundschaften) sind folglich nicht nur negativ zu werten, sondern sie haben unmittelbar mit diesem wachsenden Wunsch danach zu tun, mit dem anderen von Herz zu Herz kommunizieren zu dürfen. Das gilt sowohl für Situationen, in welchen es um ein Gespräch mit Worten geht, als auch um eine stille Kommunikation oder einen Austausch ohne Worte.

Mit diesem Impuls will Michael auch erreichen, dass unsere Begegnungen mit anderen Menschen zu *echten Begegnungen* werden, in welchen wir den tiefsten Wesenskern unseres Gegenübers in einem Rahmen von wahrhaftigem Respekt erfahren können. Folglich ist es wichtig, uns gegenseitig verletzlich zu zeigen, so dass wir es wagen, uns gegenseitig unseren tiefsten Wesenskern zu offenbaren: Unsere Erwartungen, unsere Ideale, unsere Verletzlichkeit oder beispielsweise auch unsere Leidenschaften.

Dieser Impuls – und somit auch der Wunsch, den anderen wirklich bis ins Innerste seines Herzens hinein kennen lernen zu dürfen, ist für viele erkennbar. Überall, wo wir gegen eine Mauer anlaufen, die der andere um sein eigenes Herz herum aufgebaut hat (so verständlich dies manchmal auch sein mag), entfremdet uns das vom anderen und führt letztendlich dazu, dass wir uns voneinander entfernen oder es gar zu einem Bruch in der Beziehung kommt.

• Michael pflanzt uns darüber hinaus, wie wir im vorangegangenen Kapitel bereits festgestellt haben, den *Drang nach Freiheit* ein. Dadurch werden wir nicht (mehr) durch das in unserer Entwicklung gehemmt, was andere Menschen oder die Gemeinschaft, zu der wir gehören, wie etwa die Kirche oder unser Freundeskreis, von uns erwarten – und insbesondere schon gar nicht durch das, was unser eigenes Pflichtgefühl von uns fordert. Wir werden vielmehr dank des Impulses von Michael lernen, in Freiheit den Weg nach innen zu gehen, um dort unser eigenes Wissen, unsere persönlichen Erkenntnisse und Überzeugungen zu entdecken. Diese Entwicklung steht noch ganz am Anfang. Das bedeutet, dass viele von uns sich jetzt oftmals noch zwischen zwei Extremen gefangen fühlen. Wer kennt das nicht: Einerseits das Verlangen, sich frei zu machen, um den eigenen Weg zu gehen, und andererseits das Gefühl, dass andere dies oder das von uns erwarten. Jeder, der diesen Zwiespalt kennt, erfasst dann sofort, dass Michael an ihm arbeitet und ihm helfen möchte zu lernen, selbstbewusst zu leben und das Geschenk der Freiheit, das er uns macht, in unserem Leben zu verwirklichen.

- Michael schenkt uns auch, wie wir bereits festgestellt haben, Erfahrungen, die unser *Bewusstsein gegenüber der Geistigen Welt* wecken. Doch leider kommt es noch zu oft vor, dass Menschen solche Erfahrungen (beispielsweise die flüchtige Erscheinung eines geliebten Verstorbenen, den Kontakt mit einem Engel oder einen so genannten ›schönen Traum‹) als Fantasie oder Wunschtraum abtun. Michael hofft nun, dass wir lernen, gerade solche Erfahrungen ernst zu nehmen, und dadurch erkennen werden, dass die Geistige Welt eine Realität ist und mit Sicherheit kein Fantasiegebilde eines frommen Menschen. Natürlich müssen wir lernen, mit solchen Erfahrungen nüchtern umzugehen, doch es ist sehr wohl wichtig, sie ernst zu nehmen.

- Das Allerwichtigste für Michael ist aber, *dass er unser Bewusstsein für den Christus wecken möchte* – den Christus, der in mir spricht, und den Christus, der uns aus der ätherischen Welt erscheint. Doch auch hier gilt, dass viele Menschen in unserer heutigen Zeit ein Erlebnis mit Christus (eine emotionale Berührung, einen Traum, eine hellsichtige Erfahrung oder das Hören von Worten Christi) als Fantasie oder Wunschtraum abtun. Für Michael ist das etwas, was ihm Schmerz bereitet – mehr und tiefer, als wir uns vorstellen können.

- Für Michael ist eines klar: Wir haben die Verbindung zu Christus in der heutigen Zeit dringend nötig. Dies ist ja die Zeit, in der der Impuls unseres Höheren Selbst – oder unseres Höheren Ichs beziehungsweise des Geistes – in uns geboren werden möchte. Je mehr wir uns daher mit dem Christus verbinden, desto stärker wird dieser neue Impuls in uns wirksam.

- Um die Verbindung mit Christus zu ermöglichen, möchte Michael uns *die Mysterien Christi* auf eine ganz neue Art und Weise bewusst machen. Wir Menschen haben in den vergangenen Jahrhunderten eine so beeindruckende Entwicklung durchgemacht (insbesondere in Bezug auf unsere Intelligenz), dass wir die alten Bilder und Vorstellungen von Jesus Christus, wie sie uns die Kirche gelehrt hat, nicht mehr verstehen können. Sie können uns nicht mehr inspirieren und uns nicht mehr in spürbare Verbindung mit dem Christus und seinen Geheimnissen bringen. Daher sind neue – im Grunde jedoch ganz alte – Einsichten nötig, die uns auf neue Weise mit dem Christus-Mysterium verbinden. Dabei geht es um esoterische Einsichten, die jahrhundertelang verborgen waren, nun jedoch an die Öffentlichkeit kommen.

Im 12. Kapitel werde ich näher darauf eingehen. Doch bereits jetzt möchte ich ausdrücklich betonen, dass es der große Erzengel Michael ist, der in der heutigen Zeit den Wunsch (oder den Impuls) in unser Herz einpflanzt, uns mit diesen esoterischen Einsichten zu verbinden. Von ihm geht nämlich der Impuls aus, der uns dazu bringt, uns mit dem esoterischen Christentum zu verbinden.

Das Antlitz Christi

Doch warum sollten wir eigentlich all diesen Impulsen Gehör schenken, die Michael in uns verankert? Wer garantiert uns, dass es stimmt, was er uns klarmachen will? Wer auf diese Fragen eine Antwort sucht, stößt auf das, was für Michael am allerwichtigsten ist, dass wir nämlich in ihm ganz direkt mit Christus selbst verbunden sind. Michael ist eng mit dem kosmischen Weltenwort – das auch als »Logos« bezeichnet wird – und dem göttlichen Wesen, das die Erde und die Menschheit zu ihrer Bestimmung führt, verbunden. Die tiefe Verbindung mit Christus färbt alle seine Worte und Taten.

Michael wird nicht umsonst das »Antlitz Christi« genannt – wer ihn sieht, sieht im Grunde Christus selbst. Daher hat ihn ein großer Eingeweihter, Rudolf Steiner, auch einmal als den »Michael-Christus« bezeichnet. Manchmal sind diese beiden nämlich nicht voneinander zu unterscheiden. Es ist für uns vielmehr so, als würden ihre beiden Wesen ineinanderfließen.

Daher wird Michael auch gern als »Botschafter« Christi bezeichnet. Dies alles bedeutet, dass jeder, der eine Verbindung zu Christus hat, auch automatisch eine Verbindung zu Michael hat. Das gilt auch umgekehrt: Wer sich Michael anvertraut, vertraut sich damit im Grunde auch Christus selbst an. Daher dürfen wir uns im vollen Vertrauen Michaels Führung hingeben und sollten die Fragen, die Michael jedem von uns stellt, ernst nehmen.

Die Fragen, die Michael jedem von uns persönlich stellt, lauten etwa: »Möchtest du mein Diener auf Erden werden? Möchtest du mir bei der Verwirklichung der großen Mission zur Seite stehen, mit der Christus mich beauftragt hat? Möchtest du mir bei der Aufgabe helfen, die Erde zu einem Sitz des Heiligen Geistes zu machen?«

Lassen Sie diese Fragen regelmäßig in Ihrem Herzen wiederklingen und geben Sie Michael dann ganz bewusst Ihre Antwort auf diese Frage. Nichts macht Michael glücklicher, als ein *Ja*, das direkt aus unserem Herzen kommt!

Michael, Du mein weiser Lehrmeister

Du legst mir, oh Michael, eine Lebenslektion
nach der anderen vor. Sobald ich eine solche Prüfung
bestanden habe und weiser und milder
geworden bin, setzt Du mir die nächste Lektion vor.

Du hast es eilig, merke ich. Du willst, dass ich
geistig wachse und mich innerlich weiter entwickele.
Du hoffst, dass ich nicht verhärte, doch zumindest,
dass ich mich nicht in die Opferrolle zurückziehe.

Du sagst: »Verbinde Dich mit Christus, verbinde Dich
mit Deinem Höheren Selbst, dann wirst Du erfahren,
wie Du den Weg durch die Mitte findest,
zwischen Opferrolle und Verhärtung hindurch.«

Michael, Du machst mir das Leben nicht
leicht – ein Leben in Deinem Dienst
ist immer herausfordernd, bis zum letzten Tag.
Dennoch schenkst Du mir ein Leben,

das mich innerlich reicher macht, mir Einsicht
vermittelt und mich in Liebe wachsen lässt.

Daher bitte ich Dich, Michael, stehe mir
in all den Lektionen des Lebens bei, die Du mir
vorlegst, sei meine stille Kraft,
sei mein Halt und lege mein Lebenslos jeden
Tag aufs Neue in die Hände Christi.

Michael, Du mein weiser Lehrmeister, voller
Ehrfurcht vor Deiner weisen Führung sage ich
still in meinem Inneren: Danke!

7.

DAS MICHAELI-FEST
ALS HERBSTFEST

Der leitende Erzengel der Sonne –
und somit – ein Sonnen-Engel

Michael ist bereits seit Urzeiten mit der Menschheit verbunden.[18] Er bekam von der göttlichen Weltenführung die Herrschaft über die kosmischen Energien in diesem Winkel des Weltalls anvertraut. Er konnte diese Kräfte so umwandeln, dass dadurch die Entwicklung des Menschen möglich wurde. Das bedeutet, dass er sich schon seit der ersten Inkarnation von Mutter Erde, die auch als »der alte Saturn« bezeichnet wird, mit uns befasst. (Wir leben derzeit in der vierten Inkarnation der Erde).[19]

Michael ist ein Erzengel, der in der geistigen Sphäre der Sonne lebt und wirkt. Vom geistigen Wesen dieses Planeten gehen alle wichtigen Impulse aus, die für die Entwicklung unseres Sonnensystems erforderlich sind. Michael selbst ist, wie wir gesehen haben, der höchste der vielen Erzengel, die mit der Sonne verbunden sind.[20] Als solcher, das heißt, als der leitende Erzengel der Sonne, ist Michael auch derjenige, der alle Entwicklungen unseres Sonnensystems leitet und steuert. Wer dies zu sich durchdringen lässt, der beginnt, etwas von der wahren Größe des Wesens von Michael zu begreifen und zu erspüren.

Hüter und Ideengeber

Ich finde es faszinierend, in der Sonne zu sitzen und mir vorzustellen, dass mit den Sonnenstrahlen immer auch kosmische Energien mitfließen, die inspirierend auf die Menschen einwirken. Nicht ohne Grund sitzen wir gern in der Sonne. So bildet unser Körper beispielsweise unter Einwirkung von Sonnenlicht Vitamin D3, das für den menschlichen Körper unverzichtbar ist. Unbewusst spüren wir deutlich, dass unser Körper das Sonnenlicht braucht, und setzen uns daher gern in die Sonne.

Das gilt übrigens nicht nur für den Aufbau unseres physischen Körpers, sondern auch für unsere geistige Entwicklung; denn die Sonnenstrahlen tragen uns jahrein, jahraus auch besondere geistige Kräfte zu: Die Michaels-Kräfte oder Michaels-Energien, die wir für die Weiterentwicklung unserer Seele und unseres Geistes benötigen. Wenn man sich von den Strahlen der Sonne erwärmen lässt, lässt man sich zugleich auch von den Energien Michaels inspirieren.

Erst in unserer heutigen Zeit beginnt Michael, viel direkter auf uns einzuwirken, nicht nur von außen, über das Sonnenlicht, sondern auch von innen, aus unserem Herzen heraus, vorausgesetzt jedoch, wir gewähren ihm dazu zumindest Zutritt. Warum das so ist, werde ich später erklären.

Zusammenfassend dürfen wir behaupten, dass Michael – als Erzengel der Sonne – von Urbeginn an derjenige war, der die Entwicklung der Menschheit behütet hat. Über das Sonnenlicht gelangten seine aufbauenden Kräfte zu uns. Daher wird er in der Tradition der esoterischen Lehre auch »unser Inspirator« genannt.

Katholiken und Protestanten über Michael

In der Tradition der katholischen Lehre hat man immer gewusst, wie wichtig Michael für die Menschheit war und ist. In der Tradition der protestantischen Lehre hingegen musste Michael das Feld räumen. Die Protestanten betrachteten die Ehrerbietung für Michael als Konkurrenz zur Ehrerbietung, die wir für Christus aufbringen sollen. Daher mussten, gemeinsam mit Michael, auch alle anderen Engel das Feld räumen, so dass die Gläubigen sich ganz allein auf Christus ausrichten würden. (Eigentlich zeugt das von einer äußerst beschränkten Sichtweise. So, wie ein römischer Kaiser zahllose Abgesandte, Generäle und Verwalter einsetzte, um sein riesiges Reich zu regieren, braucht – bildlich gesprochen – auch der kosmische Christus viele Engel, um seine Energien bis in den entlegensten Winkel des Kosmos hinausströmen zu lassen. Wir dürfen sogar sagen, dass die Engel im Grunde die Hände und Füße Christi sind).

Michael ist – als das Antlitz Christi – der wichtigste Abgesandte, oder Stellvertreter, des kosmischen Christus in diesem Sonnensystem. Er ist folglich kein Konkurrent Christi (wie die Protestanten dachten), sondern er ist als Stellvertreter auch wirklich »das Antlitz Christi«.

In der römisch-katholischen Kirche wurde Michael bis zum Zweiten Vatikanischen Konzil (1962-1965) jeden Sonntag bei den Fürbitten in der Heiligen Messe angerufen. Diese Fürbitte war dazu bestimmt, seine Kraft als Schutz vor dem vielen Übel anzurufen, das täglich auf uns herabkommt. Erst durch das Zweite Vatikanische Konzil wurde diese Fürbitte gestrichen. Warum kam es dazu? Wenn man sich auf die Suche nach tieferen, esoterischen Motiven für diesen Beschluss macht, stößt man darauf, dass eine alte Betrachtungsweise bezüglich Michael das Feld räumen musste, so dass Raum für eine ganz neue Denkrichtung entstehen konnte, nämlich zu lernen, nach ihm Ausschau zu halten und an ihn zu denken.

Michaels Festtag – der 29. September

Auf dem Konzil von Mainz, im Jahr 813, beschlossen die Kirchenväter (Kardinäle, Bischöfe, Äbte und andere Geistliche), dass der 29. September künftig dem Erzengel Michael als Festtag geweiht werden sollte. Laut Überlieferung wurde dieser Tag dafür gewählt, weil in der Vergangenheit am 29. September in Rom dem Erzengel Michael, der dort erschienen war, eine Basilika geweiht worden war. Um welche Kirche es sich dabei genau handelt, ist nicht ganz klar. Manche sagen, dass es um die Michaels-Erscheinung in Rom beim Mausoleum von Kaiser Hadrian geht. Eine große Statue von Michael trohnt heute noch immer als Erinnerung an dieses Ereignis auf den Zinnen der Burg. Er erschien dort (im Jahr 590) mit einem flammenden Schwert in der Hand und machte der Pestepidemie, die damals herrschte, ein Ende. Seitdem heißt dieses Mausoleum die »Engelsburg«. Andere sagen, dass der 29. September gewählt wurde, weil an diesem Tag die antike Sankt-Michaels-Basilika an der Via Salaria eingeweiht worden war.

Wir dürfen es übrigens als ein Zeichen geistiger Führung betrachten, dass die Kirchenväter dieses Datum im Herbst auswählten – eine Jahreszeit, die für das Wirken Michaels so bezeichnend ist.

Das Michaeli-Fest weist drei wichtige Merkmale auf:

- In erster Linie ist es *ein Erntedankfest*. Der Herbst ist die Zeit der Ernte: Nüsse, Äpfel, Birnen und anderes werden geerntet. Der Sommer ist vorbei. Also werden nun die Früchte gesammelt, die im Sommer wachsen und reifen durften und uns über den Herbst und Winter helfen sollen. Es ist typisch für Michael, dass er uns durch die dunkle Winterzeit hindurch hilft.

- Auch aus geistiger Sicht ist das Michaeli-Fest ein Erntedankfest: Im Jahr 1899 (zwanzig Jahre, nachdem 1879 die Regentschaft von Michael begonnen hatte) endete ein ganzer Reigen von Zeitaltern, die zusammen 50.000 Jahre ausmachten.[21] Das bedeutet also, dass eine jahrtausendealte Periode zu Ende ging, und damit auch eine alte Lebensweise. Seitdem ist eine neue Zeit angebrochen – in dieser dürfen wir ernten, was wir in all unseren vorangegangenen Leben (die wir während jenen alten Zeiten auf Erden verbracht hatten) gelernt haben. Dabei geht es um Früchte wie Vertrauen, Liebe, Einsicht und Hingabe an die göttliche Weltenlenkung.

Anders ausgedrückt: In der Zeit der geistigen Herbststürme, die zur Zeit gerade über die Erde fegen, wird klar werden, was wir uns denn nun wirklich in den hinter uns liegenden Leben angeeignet haben. Am 29. September, dem Michaeli-Fest, dürfen wir uns diese geistigen Früchte bewusst machen und sie Michael dankbar vorlegen.

Die jüngeren Kinder an den Freien Schulen, die noch nicht alt genug sind, um die »Mutproben« abzulegen, nehmen Obst, Gemüse und Nüsse mit in die Schule, um damit zu Ehren des Michaeli-Festes einen Erntedanktisch zu decken.

- Darüber hinaus ist das Michaeli-Fest »ein Mutfest«: Nun, da die Stürme über die Erde fegen (man denke an Terrorismus, Angst, wirtschaftliche Unsicherheit und mangelnden Durchblick, worum es denn eigentlich im Leben geht), brauchen wir Mut, um ruhig, im Vertrauen und mit Geduld die Stürme durchzustehen, ohne in Panik zu geraten und zynisch oder verbittert zu werden. Nun wird klar werden, ob wir wirklich dazu imstande sind, aus der Kraft der Liebe und des Vertrauens heraus zu leben und zu handeln.

- Das Michaeli-Fest kennt noch einen dritten Aspekt, den Aspekt der *Dankbarkeit*; denn es ist auch »ein Dankesfest« – aus tiefem Dank für die Früchte, die wir pflücken dürfen, damit wir im Herbst und im kommenden Winter auch noch Nahrung haben. Das dürfen wir (wie ich weiter oben bereits erklärt habe) sowohl wörtlich sehen – man denke nur an die Kürbisse, Äpfel, Birnen, Kastanien oder Trauben, die der

Herbst uns schenkt – als auch geistig. Man denke hierbei an das Vertrauen, die Hingabe und die Geduld, die wir uns in früheren Leben bereits angeeignet haben. Es sind geistige Kräfte, die wir in der heutigen Herbstzeit so sehr benötigen. Am Michaeli-Fest gedenken wir voller Dankbarkeit des Geschenks dieser geistigen Kräfte – wir haben sie ja nicht so sehr mit all unseren Lebenserfahrungen errungen, sondern im Grunde geschenkt bekommen.

- Man könnte dem Michaeli-Fest somit auch folgendes Motto mitgeben: »Bewegt in den Tagen des Michaeli-Festes das Wort »Danke« etwas öfter in euch.« Das gilt natürlich auch für das Älterwerden, wenn wir in den Herbst unseres Lebens kommen. Auch dann haben wir – wenn wir im Geiste Michaels leben wollen – die Aufgabe, uns voller Dankbarkeit aller Hilfe bewusst zu werden, die wir in unserem Leben erhalten haben, auch und vielleicht gerade dann, wenn das Leben uns schwerfiel. Der wahre Michael-Nachfolger ist der Mensch, der mit zunehmendem Alter in sich selbst ein immer stärkeres Gefühl von Dankbarkeit entwickelt.

Die Mysterien Christi

Zum Herbst gehört, dass nun, da die Sommerzeit vorbei ist und das Laub an den Bäumen welk wird und abfällt, eine Zeit des Zerfalls und Abbaus sowie eines allmählichen Übergangs in den Winter beginnt. Dieses Bild finden wir in vielen verschiedenen Abwandlungen bei Michael immer wieder.

So fallen in der heutigen Michaeli-Zeit (die im Jahr 1879 begonnen hat) Erkenntnisse aus vergangenen Zeiten weg, weil sie kraftlos und leer geworden sind. Das wird insbesondere bei den Glaubensansichten deutlich, die bis heute von den Kirchen vertreten werden – sie verlieren ihre Aussagekraft. Dadurch sind die Kirchen nicht mehr imstande, die Geheimnisse über Jesus Christus so zu offenbaren, dass diese stimulierend und ermutigend auf die Menschen einwirken. Jüngere Generationen kennen die großen kirchlichen Feste kaum mehr, geschweige denn, dass sie wissen, was diese Feste uns sagen möchten.

Es ist wichtig, dass wir verstehen, warum es in gewisser Weise so sein muss. Michael will uns zu einer tieferen Einsicht in die Mysterien Christi führen. Doch um dies zu ermöglichen, müssen erst die alten Bilder und Einsichten verschwinden, so dass Raum entsteht, um die Geheimnisse von Jesus Christus auf neue Weise betrachten zu können.

Eine solche Übergangszeit ist stets eine gefährliche Zeit. Es stellt sich dabei nämlich folgende Frage: Sind die Menschen in ihren früheren Leben innerlich mit Christus so verbunden und so motiviert gewesen, dass sie sich nun – da die alten Auffassungen und Bilder weggefallen sind – automatisch auf die Suche nach einem anderen, tieferen Einblick in die Mysterien Christi begeben? Sind sie so motiviert, dass sie sich auf die Suche nach den Einsichten machen, die für unsere Zeit passend sind und die uns von Michael geschenkt werden, wenn wir bereit sind, auch wirklich nach einem neuen, tieferen Verständnis zu suchen?

Im 12. Kapitel werde ich (wie bereits im vorangegangenen Kapitel erwähnt) näher auf diese Mysterien eingehen. Doch nun möchte ich verdeutlichen, wie wichtig es ist, dass wir es in der Michaeli-Zeit lernen, uns mit Hilfe dieser neuen Betrachtungsweise bewusst mit den alten Geheimnissen von Jesus Christus zu beschäftigen.

Der Schleier lüftet sich

Doch wie beschert Michael uns diese neuen Einsichten? Wie macht er es möglich, dass wir diesen neuen Einsichten auf die Spur kommen? Das tut er, indem er in unserer heutigen Zeit den Schleier lüftet – und zwar den Schleier, der die Erde über Jahrhunderte hinweg hermetisch von der Geistigen Welt abgeschieden hatte. In den alten, vergangenen Zeiten, die im Jahre 1899 endeten, war die Verbindung zur Geistigen Welt allmählich komplett verloren gegangen. Daher wird diese letzte Epoche, die 1899 endete, auch als »Kali Yuga« oder »Eisernes Zeitalter« bezeichnet. Dieser Name verweist auf die Tatsache, dass die Menschen die Geistige Welt nicht mehr erfahren konnten, weil der Schleier ganz zugezogen worden war.

Doch seit der letzten Epoche, und insbesondere seit dem Zweiten Weltkrieg, berichten immer mehr Menschen über Erfahrungen, die sie mit der Geistigen Welt machen, Nahtod-Erfahrungen, Begegnungen mit einem Engel, Erscheinungen eines nahestehenden Verstorbenen, Rückblicke in frühere Leben – all diese sind schon längst keine Ausnahmen mehr, und immer mehr Menschen sind mit Erfahrungen wie diesen vertraut. Dies sind die Geschenke, die uns nun zufallen, da Michael den Schleier langsam wieder lüftet.

Glaube wird zu Wissen

Doch Michael schenkt uns noch mehr: Er legt in Menschen, die an sich selbst arbeiten und sich geistig entwickeln, eine innere Gewissheit nieder: Glaube wird bei ihnen zu Wissen. Doch um welches Wissen geht es dabei? Um die innere Gewissheit, dass der Tod nicht das Ende ist, sondern der Übergang in eine andere, höhere Welt der Liebe und des Lichtes, und damit in ein höheres Bewusstsein. Es geht auch um das Wissen, dass wir in früheren Leben schon viel öfter auf der Erde gewesen sind – dieses Wissen lässt uns erkennen, dass Reinkarnation kein Hirngespinst ist, sondern Wirklichkeit. Oder noch anders formuliert: Es geht um das Wissen, dass wir hier auf Erden sind, um eine ganz persönliche Mission zu erfüllen.

Dieser unauffällige, doch so besondere Übergang vom Glauben zum Wissen wird durch die Energien möglich, die uns aus der Geistigen Welt zuströmen, nun, da Michael den Schleier lüftet. Es sind diese Energien, die in der Stille unseres Herzens unseren Glauben in Wissen umwandeln. Sie können aber freilich nur dann wirksam werden, wenn wir unser Herz bewusst für Michaels Inspiration öffnen wollen – wenn wir innerlich offen und empfänglich sind und uns nicht vor Erkenntnissen verschließen, die unser Kopf (noch) nicht begreift.

Auch für dieses Geschenk – nämlich die Tatsache, dass Glauben in Wissen umgewandelt wird – dürfen wir Michael in den Tagen rund um das Michaeli-Fest danken, und zwar von ganzem Herzen, weil wir immer mehr verstehen werden, welches besondere Geschenk dies ist!

8.

WIE LUZIFER UND AHRIMAN AUF UNS EINWIRKEN

Die Impulse von Luzifer und Ahriman

Vor langer Zeit, in ferner Vergangenheit, wurde Luzifer (oder der Teufel) auf die Erde verbannt. Es war der große Erzengel Michael höchstpersönlich, der ihn aus der Geistigen Welt vertrieben und auf die Erde verbannt hatte. Rudolf Steiner formulierte es Folgendermaßen: »Und Michael stieß die ihm widrigen Geister zur Erde hinab.« [22] Die widrigen Geister sind die luziferischen Geister. Seitdem begann Luzifer dort, auf der Erde, auf den Menschen einzuwirken. Das geschah während des Dritten Zeitalters auf dieser Erde, dem Lemurischen Zeitalter. [23] Das ist die Epoche, in der sich die Ereignisse abspielten, über welche die Bibel im ersten Buch Mose, in der Schöpfungsgeschichte, berichtet: Der Sündenfall von Adam und Eva im Paradies und ihre Vertreibung aus der strahlenden Welt von reinem Licht und Liebe.

Michael stieß Luzifer zur Erde hinab, weil er vorausschauend sah, dass der Mensch den Impuls Luzifers für seine weitere Entwicklung benötigte. Warum brauchte der Mensch ihn, und um welchen Impuls ging es dabei eigentlich? Die Bibel berichtet zunächst, wie der Mensch den luziferischen

Impuls in sich aufnahm. Das wird in der Bibel in der Geschichte von Adam und Eva bildlich beschrieben, die ein Stück von dem verbotenen Apfel aßen. Durch diesen luziferischen Impuls wurden sie sich ihrer selbst bewusster.[24] Auch letzteres wird in der Bibel bildlich beschrieben, und zwar mit der Anmerkung, dass Adam und Eva plötzlich entdeckten, dass sie nackt waren.[25]

Rudolf Steiner erklärt, wie wichtig dieser luziferische Impuls für den Menschen war: »Durch diesen Sturz der luziferischen Geister, die die Gegenspieler von Michael waren, wurde der Mensch zum ersten Mal von seinem Verstand durchdrungen.«[26] Die Tatsache, dass wir unser verstandesmäßiges Denken entwickeln konnten, verdanken wir folglich diesem ersten Impuls Luzifers.

Außerdem veränderte sich durch den luziferischen Impuls die Kommunikation zwischen Gott und dem Menschen. Gott sprach nach dem Sündenfall nur noch selten mit Adam und Eva – später noch ein einziges Mal mit ihrem Sohn Kain, doch danach kamen solche Gespräche nur noch ausnahmsweise in außergewöhnlichen Situationen vor, wie beispielsweise mit dem großen Eingeweihten Moses. Weil die Gespräche mit Gott weniger selbstverständlich wurden, konnte der Mensch die ersten Schritte auf dem Weg in eine sichere Selbstständigkeit unternehmen. Doch es waren noch viele weitere Schritte nötig, um das hohe Ziel zu erreichen, das Michael vor Augen hatte.

Später begann Michael den Kampf mit Ahriman (der in der Bibel »Satan« genannt wird) und verbannte auch ihn auf die Erde. Michael tat das (ebenso wie bei dem Sturz von Luzifer), um mit der Ankunft von Ahriman auf Erden einen besonderen, unverzichtbaren Impuls für die Entwicklung des Menschen auf Erden zu setzen; denn die Impulse von Luzifer und Ahriman hatten sowohl positive als auch negative Seiten. Über die positiven Aspekte berichte ich später, im 10. Kapitel.

In diesem und im folgenden Kapitel möchte ich vor allem die negativen Folgen der Einwirkung von Luzifer und Ahriman auf den Menschen betrachten. Kurz und bündig zusammengefasst, dürfen wir sagen, dass Luzifer den Menschen vergessen lassen will, dass er auf Erden lebt. Ahriman aber will den Menschen vergessen lassen, dass er ein geistiges Wesen ist und aus den Geistigen Welten stammt.

Der Streit in unserer Seele

Jeder kennt wahrscheinlich dieses Phänomen nur zu gut: Das Gefühl, als würden zwei entgegengesetzte Kräfte in unserer Seele miteinander im Wettstreit liegen – zwei Kräfte, die einander im Würgegriff zu halten scheinen, wobei manchmal die eine und dann wieder die andere die Oberhand zu gewinnen scheint.

Welche Kräfte meine ich?

- Einerseits die Kräfte des Vertrauens, der Hingabe, des inneren Friedens und damit auch der Liebe; denn Liebe kann nur dann fließen und in ihrer wahren Kraft wirksam werden, wenn wir uns von den höheren Geisteskräften des Vertrauens und der Hingabe umhüllt fühlen.

- Andererseits meine ich die dunklen Kräfte von Angst und Unsicherheit, von Anspannung, Wut und Enttäuschung, die uns so oft fest im Würgegriff zu halten scheinen und unser Leben zu einer schwierigen Aufgabe, wenn nicht gar zur Hölle machen können.

Hinter diesen beiden Kräften stehen – wie es im esoterischen Christentum schon immer bekannt war – geistige Wesen. Wesen des Lichtes und Wesen der Finsternis, die stark auf uns einwirken, und zwar bis tief in unser Herz hinein. Immer, wenn wir diesen inneren Wettstreit in unserer Seele erleben, geht es dabei um den Streit zwischen den Wesen des Lichtes und der Finsternis, den wir innerlich erleben.

Doch welche geistigen Wesen sind das denn? Einerseits geht es dabei um Michael und seine Helfer: Er möchte uns als das »Antlitz Christi« fortwährend mit den Kräften von Vertrauen, Liebe und Hingabe inspirieren. Wir dürfen ihn als die Brücke sehen, über die die Christus-Energien bis in unser Herz hineinströmen können.

Andererseits geht es dabei um Ahriman und dessen Helfer. Er versucht, uns wieder und wieder in seinen Bann der dunklen Kräfte von Angst, Verurteilung, Verhärtung und Ohnmacht zu ziehen. So betrachtet, erfahren wir in unserer Seele jeden Tag aufs Neue den Wettkampf zwischen diesen beiden Kräften – den Kräften von Michael und Ahriman.

Die Dualität von Luzifer und Ahriman

Doch Ahriman ist nicht die einzige dunkle Kraft, mit der Michael – und jeder von uns – zu tun hat. Auch das Böse erscheint ja, wie alles hier auf Erden, in zweifacher Gestalt, als Dualität oder Polarität. Laut der Bibel besteht diese Dualität des Bösen aus dem Teufel und dem Satan.[27] Wie ich weiter oben bereits erwähnt habe, wurden diese beiden Kräfte im esoterischen Christentum »Luzifer« und »Ahriman« genannt. Weil die Bezeichnungen »Teufel« und »Satan« über die Jahrhunderte hinweg mit so vielen Emotionen belastet wurden, verwende ich lieber die esoterischen Namen der beiden: Luzifer und Ahriman. Diese Namen machen es (nach meinem Empfinden) möglich, ohne Angst und mit innerer Ruhe zu beobachten, was diese beiden in und an uns bewirken.

Luzifer kennen wir als die Schlange im Paradies, die zu Beginn der Bibel (in der Schöpfungsgeschichte im Ersten Buch Mose) erwähnt wird. Er wirkt folglich schon unvorstellbar lange auf uns ein. In der Geschichte vom Paradies wird berichtet, wie er mit seiner Einflussnahme auf die Erde begann: Er verführte zunächst Eva mit einem Apfel und über Eva dann auch Adam. Mit seinem Auftreten endete das strahlende, makellose, paradiesische Leben des Menschen. Doch wie wir bereits festgestellt haben, war nicht nur alles negativ, was Luzifer uns antat. So schenkte er uns (Selbst-) Bewusstsein, Wissen und den Uranfang der Erkenntnis – Aspekte, die es uns ermöglicht haben, hier auf Erden, fern vom Paradies (und folglich auch fern von der Geistigen Welt) eine neue Entwicklung als Mensch auf Erden zu beginnen. Die eindrucksvolle Entwicklung der wissenschaftlichen Kenntnisse und die bedeutenden Fortschritte im Bereich der Technik, die wir in den letzten Jahrhunderten durchgemacht haben, haben wir im Grunde diesem allerersten Geschenk Luzifers zu verdanken!

Eine Folge seines Einwirkens auf uns war freilich auch, dass er uns egoistisch machte. Damit hielt der erste dunkle Einfluss Einzug in unser Herz, und wir verloren allmählich unsere ursprüngliche Reinheit und Unbefangenheit. Diesem aufkommenden Egoismus ist es zu verdanken, dass Adam und Eva aus dem Paradies vertrieben wurden (besser gesagt, sich selbst aus dem Paradies vertrieben haben) – aus einer Welt, in der für dunkle Kräfte wie den Egoismus freilich kein Raum ist.

Luzifer versucht, unsere Aufmerksamkeit einseitig auf den Himmel auszurichten, unter Vernachlässigung unserer Achtsamkeit für die Erde. In einer Kultur, die von Luzifer beeinflusst wird, gibt es folglich auch wenig Interesse an der Entwicklung des irdischen Lebens. Meist hinkt die technische Entwicklung weit hinterher, mit Sicherheit aber im Vergleich zu anderen Kulturen. Man denke nur an Länder wie China und Indien, die noch vor Kurzem im Hinblick auf die so genannte »moderne Entwicklung« weit im Rückstand waren. Die Ursache hierfür liegt in der Tatsache, dass sie in früheren Zeiten mehr auf die Geistige Welt ausgerichtet waren als auf die Erde.

Ahriman tut genau das Gegenteil: Er lenkt unsere Aufmerksamkeit einseitig auf die Erde und versucht, uns dazu zu bringen, die Realität der Geistigen Welt zu leugnen. »Tot ist tot«, sagen die Menschen, die im Bann Ahrimans stehen.

Außerdem sagen sie auch: »Den Himmel gibt es nicht.« Unter dem Einfluss von Ahriman entwickeln die Menschen schleichend eine materialistische Lebenseinstellung. Es zeigt sich klar, dass Ahriman insbesondere der westlichen Kultur einen deutlichen Stempel aufgedrückt hat.

Was Luzifer und Ahriman mit uns tun

Gerade mit ihrer extremen Einseitigkeit haben Luzifer und Ahriman einen negativen Einfluss auf uns:

Luzifer schenkt uns:

- *Selbstüberschätzung:* Ein gesundes Selbstbewusstsein ist in Ordnung, doch wenn dies das Einzige ist, worum es dem Menschen geht, wandelt sich das gesunde Selbstbewusstsein in Selbstüberschätzung. Dadurch kann ein Menschenleben leicht entgleisen;
- *Eine nebulöse Lebenseinstellung:* Sie wird dadurch verursacht, dass der Mensch nur noch auf die Geistige Welt ausgerichtet ist und nicht mehr mit beiden Füßen fest auf dem Boden steht.
- *Egoismus:* Ein gesundes Augenmerk auf uns selbst ist natürlich nötig und unverzichtbar. Doch wenn ein Mensch nur noch auf die eigenen Bedürfnisse ausgerichtet ist und keinerlei Wahrnehmung mehr für andere hat, entartet diese gesunde Selbstliebe in Egoismus.

Was Ahriman mit uns macht, werde ich im folgenden Kapitel ausführlich erklären. Wir haben ja in unserer heutigen Zeit vor allem unter seinen negativen Impulsen zu leiden, und zwar mehr als unter den Impulsen Luzifers, wenngleich wir diese Impulse auch nicht unterschätzen dürfen, denn wo Ahriman ist, da ist Luzifer nicht fern. Doch wir wollen nun, um vorab schon einmal einen ersten Einblick in die Impulse zu bekommen, mit welchen Ahriman uns bedrängt, die wichtigsten davon hier auflisten:

- Er macht uns *materialistisch* und kappt durch diese einseitige Ausrichtung auf die Erde unsere Verbindung zur Geistigen Welt. Mit dieser Einseitigkeit kappt er auch unsere Verbindung zu Gott, zu den Engeln und unseren lieben Verstorbenen.
- Er macht uns *einsam*: Wer die spürbare Verbindung zur Geistigen Welt verliert, wird ein einsamer Mensch.
- *Er entzieht uns das Verständnis für den tieferen Sinn unseres Lebens.* Wer kein Wissen über das Leben nach dem Tod hat und denkt, dass »tot« auch wirklich »tot« bedeutet, versteht nicht, warum wir manchmal solche schweren Lebenslektionen durchmachen müssen. Für diese Person erscheint das Leben sinnlos, und ganz besonders in schweren Zeiten, wenn wir durch Krankheit, Verlust und Ängste gequält werden. Nicht ohne Grund liegt die Selbstmordrate bei Männern über siebzig Jahren am höchsten.
- Ahriman attackiert uns darüber hinaus mit negativen Gefühlen von *Angst und einem lähmenden Mangel an Selbstwertgefühl.* Wer imstande ist, in der heutigen Zeit mit Weitblick über die vielen Ereignisse hinauszuschauen, über die die Presse und das Fernsehen berich-

ten, sieht, wie sehr Ahriman im Moment versucht, die Menschen mit allen möglichen Ängsten (vor Terrorismus, Kriegsdrohungen und einem Flüchtlingsstrom, der nicht eindämmbar zu sein scheint) zu bedrängen. Angst lähmt und sorgt dafür, dass wir nicht dazu kommen, unseren Lebensauftrag, wie vorherbestimmt, zu erfüllen.

- Doch Angst macht auch *aggressiv* und sorgt dafür, dass wir nur noch mit uns selbst und unseren Ängsten beschäftigt sind.

- Ahriman verführt uns schließlich auch noch zu *einer starren Lebenseinstellung*. Er raubt uns damit die Flexibilität im Denken sowie unsere Verspieltheit und macht uns zu (ver-) urteilenden Menschen.

9.

DER STREIT ZWISCHEN MICHAEL UND AHRIMAN IN UNSEREM HERZEN

Vondel und Luzifer

Der bekannte niederländische Dichter und Dramatiker Joost van den Vondel (1587 – 1679) schrieb viele Theaterstücke, darunter ein Stück, dem er den Titel »Luzifer« gab, und das 1654 in der Amsterdamer Schouwburg uraufgeführt wurde. Das Stück, ein Trauerspiel, beschreibt, wie Luzifer sich einst, in fernen Zeiten, gegen Gott auflehnte. Der Erzengel Michael erhielt den Auftrag, diesen Aufstand niederzuschlagen. Bei dem Kampf, der folgte, wurde Luzifer vom Blitz getroffen, in die Tiefe gestürzt und in irdische Sphären verbannt.

Ich finde es beeindruckend zu lesen, wie Vondel in diesem Stück in der Tat altes esoterisches Wissen beschreibt. Wie war das möglich? Einerseits, weil zu seiner Zeit noch allerhand Legenden aus dem Mittelalter in Umlauf waren, in welchen etwas von diesen alten Einsichten bewahrt geblieben ist.

Doch andererseits war jemand wie Vondel in jener Zeit wahrscheinlich noch imstande, direkte esoterische Inspirationen aus der Geistigen Welt zu empfangen und diese in literarischer Form wiederzugeben; denn was er schreibt, stimmt voll und ganz mit den Einsichten der jahrhundertealten esoterischen Tradition überein. Diese berichtet (wie wir bereits weiter oben festgestellt haben), dass es der große Erzengel Michael war, der Luzifer einst, vor langer Zeit, aus der Geistigen Welt verstoßen und auf die Erde verbannt hat.

Das Stück von Vondel über Luzifer spielt sich unmittelbar vor der Vertreibung von Adam und Eva aus dem Paradies ab. Auch dies stimmt mit dem überein, was im esoterischen Christentum berichtet wird, dass nämlich Luzifer, nachdem er aus der Geistigen Welt vertrieben und auf die Erde verbannt worden war, dort begann, auf den Menschen einzuwirken – und ihn zur Sünde verleitete. Wir stellten bereits weiter oben fest, dass dieses Ereignis in der Bibel in der Geschichte über Adam und Eva und ihre Vertreibung aus dem Paradies geschildert wird. Wie wir ebenfalls feststellten, waren dies Ereignisse, die in der Lemurischen Epoche stattgefunden hatten.

Erst nach diesem Impuls Luzifers begann die Entwicklung des Menschen, denn dank der Inspiration durch Luzifer begann der Mensch mit einem Prozess, der ihm allmählich immer mehr Wissen brachte. Der Name Luzifer bedeutet »Lichtträger«. Diesen Namen verdankt er den großen Geschenken, die er uns beschert hat, insbesondere das Geschenk des Wissens, das er dem Menschen – neben seinen negativen Einflüssen – geschenkt hat. In der Bibel heißt es im Buch Jesaja über ihn: »Wie bist du vom Himmel gefallen, du schöner Morgenstern!« – ein kurzer Hinweis auf das jahrhundertealte esoterische (verborgene) Wissen über Luzifer.[28]

84

Die Impulse Ahrimans

Erst später, und zwar viele, viele Tausende Jahre später, brach der Streit zwischen Michael und Ahriman los. Dieser Streit spielte sich in der Geistigen Welt zwischen 1841 und 1879 ab.[29] Es war ein heftiger Kampf, der mit dem Sturz Ahrimans und der Seinen endete: Sie wurden letztendlich 1879 von Michael und seinen Engeln auf die Erde hinab geworfen, wo sie begannen, auf das Herz, aber vor allem auf das Denken des Menschen einzuwirken. Seitdem ist das Jahr 1879 als das Jahr des *Sturzes Ahrimans* bekannt geworden.

Doch was bewirken die ahrimanischen Wesen seit dieser Zeit in uns und an uns? Im vorangegangenen Kapitel habe ich bereits eine Reihe von Beispielen für dieses Einwirken genannt, doch ich möchte nun – aufgrund der Bedeutung dieses Themas – diese Impulse gerne noch einmal beleuchten, jedoch aus einem etwas anderen Blickwinkel.

- Der positive Impuls, den Ahriman den Menschen schenkt, ist eine solch enge Verbindung mit der Erde, dass der Mensch sich seiner Verantwortung für die Erde immer bewusster wird und lernt, diese auf sich zu nehmen. Mit anderen Worten: Ahriman lenkt unser Augenmerk auf die Erde und auf die vielen großen Entwicklungen, die hier auf Erden möglich sind. Die Tatsache, dass wir auf Erden endlich zu Hause angekommen sind und es gelernt haben, mit beiden Beinen fest auf der Erde zu stehen, haben wir ganz diesem Impuls Ahrimans zu verdanken.

- Der auffälligste Impuls ist sein Einwirken auf das Denken des Menschen. So bringen er und seine Mitstreiter, die ahrimanischen Engel, den Menschen dazu zu denken, dass nur das, was man mit den Sinnen sehen und beweisen kann, existiert. Mit anderen Worten: Sie wollen unser Denken in ein verdorrtes, lebloses und rein intellektuelles Denken umwandeln. Dadurch wird unser Denken oberflächlich und leblos. Wer den Unterschied zwischen einem lebendigen Denken (verspielt, künstlerisch und intuitiv) und einem toten Denken (rational und ohne Wärme) erkennt, erhält dadurch recht leicht Einblick in die Art und Weise, wie Ahriman das Denken so vieler Menschen in der heutigen Zeit bereits unter Kontrolle hat.

- Was Michael nun von uns fordert, ist, zu lernen, die Gesellschaft und das Leben um uns herum so zu betrachten, dass wir beginnen, diesen alles entscheidenden Gegensatz überall zu entdecken – nämlich den Unterschied zwischen lebendigem und totem Denken. Wer das erkennt, weiß somit auch sofort, welches Denken er unterstützen und welches Denken er fürchten muss.

- Darüber hinaus sind geistige Erfahrungen mit Ahriman (und den Seinen) Trugbilder oder Halluzinationen. Viele Menschen sind unbemerkt so in den Griff von Ahriman geraten, dass sie ihm »nachplappern« und ihren eigenen geistigen Erfahrungen misstrauen oder diese sogar leugnen. So gibt es Menschen, die ein Nahtod-Erlebnis haben, dieses jedoch als Traum-Erfahrung abtun, die nicht auf Wirklichkeit beruht. Dasselbe gilt für eine Engel-Erfahrung oder eine Christus-Erfahrung. Auch inneres Wissen gibt es laut Ahriman und den Seinen nicht; denn unser verdorrtes, rein rationales Denken ist nicht imstande, dieses als Wahrheit zu beweisen.

• Für Michael ist es hingegen von entscheidender Bedeutung, sorgfältig und aufmerksam mit unseren geistigen Erfahrungen umzugehen. Schlagen Sie dabei nicht ins andere Extrem um, so dass Sie eine nebulös abgehobene Person werden (und folglich in die Hände von Luzifer fallen), sondern hüten Sie Ihre geistigen Erfahrungen mit Nüchternheit und Dankbarkeit. Wer das tut, erhält automatisch eine Verbindung zu Michael.

• Ahriman wirkt auch auf unsere Willensimpulse ein und bringt uns dazu, so viel Besitz und Geld anzusammeln wie möglich. Dies sei, so versucht Ahriman uns glauben zu machen, das Einzige, was uns Sicherheit und Halt verschafft. Daher versucht Ahriman auch, uns Angst einzujagen (vor Terrorismus, vor dem Islam und anderem), denn ängstliche Menschen werden sich mit umso größerer Entschiedenheit auf die Scheinsicherheit von Besitz ausrichten.

Der Kampf gegen Ahriman in unserem eigenen Herzen

Seit 1879 wird hier auf Erden der Kampf von Michael gegen Ahriman in unseren eigenen Herzen fortgesetzt. Der Sturz von Ahriman und den Seinen im Jahr 1879 wird auch als »der

Sturz der Geister der Finsternis« bezeichnet.[30] Darüber hinaus wird der Kampf, den Michael mit Ahriman führte (und in unserem Herzen noch immer führt), auch »der Kampf mit dem Drachen« genannt.

Wer auf die Zeiten, die hinter uns liegen, zurückblickt, erkennt, wie sehr das materialistische Denken seit 1879 vom Menschen Besitz ergriffen hat. Ich möchte im Folgenden einige historische Ereignisse nennen, an welchen wir diese Einwirkung von Ahriman deutlich ablesen können:

- Im Jahr 1917 fand die bolschewistische Revolution in Russland statt, die letztendlich zum Kommunismus führte. Das kommunistische Regime war atheistisch (nicht nur Kirche und Glaube, sondern auch jegliche Spiritualität musste in den Untergrund abtauchen) und bildete die Gesellschaft zu einer einheitlichen, nahezu mechanisierten Gesellschaft um – genauso wie Ahriman das gerne sieht.[31]
- Im Ersten Weltkrieg (1914-1918) standen eine ganze Reihe von europäischen Völkern einander gegenüber, und es gab Millionen von Toten. Das nationalistische Denken hatte diesen Krieg verursacht – ein Denken, das für Ahriman kennzeichnend ist.
- Der Zweite Weltkrieg (1940-1945) ging von Nazi-Deutschland aus, einem Regime, das in seiner Erbarmungslosigkeit und Zerstörungswut gottlos war. Diese eiskalte, vollkommen respektlose Lebenseinstellung, im Zuge derer der Mensch agiert wie eine Maschine, ist typisch für Ahriman.

- Doch auch an allerhand anderen Strömungen, wie etwa an der »Gott-ist-tot«-Theologie aus den Sechzigerjahren des vorigen Jahrhunderts, kann man das Einwirken Ahrimans auf die Herzen der Menschen erkennen: Ahriman will uns einreden, dass es keine Geistige Welt, keinen Gott und keine Engel gibt.
- Nahezu jeder kennt aus eigener Erfahrung nur zu gut den Kampf zwischen Kopf und Herz. Ahriman will uns ausschließlich mit unserem Kopf denken lassen. Daher ist sein Denken so kalt, zynisch, lieblos und oberflächlich. Michael hingegen möchte uns beibringen, mit unserem Herzen zu denken. Wer mit dem Herzen denkt, verfügt damit über ein lebendiges, warmes und liebevolles Denken.
- Auch eine Politik, die Euthanasie möglich machen will, wenn ein Mensch das Leben als sinnlos empfindet, ist typisch ahrimanisch. Wer über Wissen über die Geistige Welt verfügt und weiß, dass wir regelmäßig auf die Erde herabkommen, um hier eine weitere geistige Entwicklung durchzumachen, weiß auch, dass jeder Tag unseres Lebens sinnvoll ist und uns an jedem neuen Tag wieder neue Lebenslektionen vorgelegt werden. Ahriman hingegen will von einem Leben nach dem Tod nichts wissen – und schon gar nichts von Reinkarnation. Daher bringt er uns auf den Gedanken, dass das Leben sinnlos ist, wenn wir den Sinn unserer Lebenslektionen nicht begreifen.

In unserer heutigen Zeit beginnt sich der Kampf zwischen Michael und Ahriman mehr und mehr zuzuspitzen, als sollte es bald zu einem Höhepunkt kommen. Doch darüber berichte ich gerne ausführlicher im folgenden Kapitel. Am jetzigen Punkt meiner Ausführungen finde ich es vor allem wichtig aufzuzeigen, dass Michael uns braucht, weil der Kampf zwischen ihm und Ahriman nicht mehr in der Geistigen Welt, sondern in unserem eigenen Herzen stattfindet – also hier auf Erden. Die entscheidende Frage, die jedem von uns dabei persönlich gestellt wird, lautet somit auch: »Wem schenken wir Gehör? Wem wollen wir dienen? Michael oder Ahriman?«

Ein schockierendes Beispiel

Abschließend möchte ich nun noch ein bedrückendes, vielsagendes Beispiel vortragen – zur Illustration des verborgenen, doch so erfolgreichen Wirkens von Ahriman. Man hat sich oft gefragt, wie die Deutschen, die im Zweiten Weltkrieg in den Konzentrationslagern arbeiteten und dabei Tausende von Gefangenen zu Tode brachten, dazu eigentlich imstande waren. Es handelte sich ja um Väter, die abends und am Wochenende liebevoll mit ihren Kindern spielten und regelmäßig mit ihrer Familie Wanderungen in der Natur machten, die jedoch zugleich imstande waren, tagsüber mit der gleichen Selbstverständlichkeit jüdische Kinder zu vergasen. Wie war das nur möglich? Diese Deutschen waren zum überwiegenden Teil keine Monster, sondern ganz einfach Menschen wie du und ich. Was sie taten, war nur möglich, weil Ahriman durch sie hindurchwirkte und sie in gewissem Sinne gefühllos machte. Doch leider waren sie sich des Einwirkens von Ahriman auf ihre Seele und ihr Herz nicht bewusst. Anders ausgedrückt: Sie merkten nicht, wie Ahriman ganz allmählich, und somit unmerklich, ihr Gewissen zielsicher zum Schweigen gebracht hatte. Genau dazu führt das Einwirken von Ahriman letztendlich, dass unser Gewissen zum Schweigen gebracht wird.

Wer dies begreift, versteht auch besser den Hintergrund zu der vielen schockierenden, frevelhaften Verbrechen unserer Zeit, bei denen es scheint, als würden diejenigen, die diese Taten verüben, kein Gewissen haben. Das haben sie auch nicht: Es wurde von Ahriman raffiniert zum Schweigen gebracht.

Diese Beispiele machen deutlich, wie wichtig es ist, dass wir uns der Art und Weise bewusst werden, wie Ahriman in der heutigen Zeit auf uns einwirkt.

Michael, mache mich zum Drachentöter

Michael, wenn ich mir Dein Bild vor Augen rufe,
wenn ich mich mit meinem ganzen Herzen auf Dich einstelle
und mich Dir ganz in Liebe anvertraue, dann spüre ich,
wie Deine Geisteskraft mich erfüllt und stark macht.
Dann fühle ich mich tatkräftig, selbstbewusst und frei.

Es bereitet mir tiefe Freude, mich so mit Dir zu verbinden:
Es ist, als würde himmlisches Licht
von oben auf mich herabströmen
und mir Erleuchtung schenken.
Dieses Licht – es ist meine höchste, meine größte Freude.

Doch dieses Licht bewirkt noch etwas anderes: Es enthüllt.
Es bringt all das Dunkle in mir ans Licht.
Meine Ängste, meine Eifersucht, meine Ohnmacht
und meine Verbitterung, von der die ich geglaubt hatte, sie
so sicher im verborgensten Winkel meiner Seele versteckt
zu haben – all das kommt hoch, wird lebendig
und breitet sich mit aller Macht in meiner Seele aus.

So werde ich hin und wieder zwischen
Deinem Licht und Deiner Kraft und den finsteren Spukgeis-
tern in meiner Seele hin- und hergerissen.
Hilfesuchend schaue ich hoch zu Dir und sehe dieses Bild
von Dir,
wie Du den Drachen bezwingst und
ihn ganz allein mit Deiner Geisteskraft
im eisernen Griff unter deinen Füßen festhältst.

Sobald ich dieses Bild erblicke, begreife ich meine Mission:
Den Kampf mit dem Dunklen in mir aufzunehmen
und es mit all der Geisteskraft,
die Du mir schenkst, zu bezwingen.
So werde ich, genau wie Du, zum Drachentöter
und halte die Spukgeister in meiner Seele
mit eisernem Griff in Schach.

Daher nehme ich tagtäglich neu den Kampf
gegen das Dunkle in mir selbst auf – und jeder Sieg
lässt mich wachsen in deiner michaelischen Kraft.

Du, Michael, machst mich zu einem wahren Drachentöter.

10.

DIE INKARNATIONEN VON LUZIFER, CHRISTUS UND AHRIMAN

Warum brauchen wir Luzifer und Ahriman?

Wer das vorangegangene Kapitel gelesen hat, wird vielleicht über Ahriman und all das, wozu er offensichtlich imstande ist, erschrocken sein. Die meisten Menschen durchschauen nicht, von wem sie in geistiger Hinsicht bedrängt werden – sie sind sich dessen nicht bewusst, was sich auf geistiger Ebene abspielt, und fallen dadurch Luzifer und Ahriman umso leichter zum Opfer. Wer sich all diese Dinge jedoch bewusst macht, stößt automatisch auf die Frage, warum Michael die beiden eigentlich auf die Erde verbannt und es Ahriman zugestanden hat, so erbarmungslos auf uns einzuwirken.

Wir haben bereits festgestellt, dass Michael von Urbeginn an mit dem Menschen und seiner Entwicklung auf Erden befasst war. Das begann bereits bei der ersten Inkarnation der Erde, dem alten Saturn. Doch auch jetzt, in der vierten Inkarnation der Erde, behält Michael die Entwicklung des Menschen fortwährend und voller Liebe im Auge. Er will, dass wir lernen, hier auf Erden Leben für Leben unser »Ich«

weiterzuentwickeln, dass wir lernen, auf eigenen Beinen zu stehen und selbstständig zu denken. Vor allem will er jedoch, dass wir uns die Kraft der wahren Liebe zueigen machen.

Michael sieht den strahlenden, selbstbewussten, liebevollen Menschen, der wir einmal sein werden, bereits vor sich; und er weiß, dass wir die Impulse von Luzifer und Ahriman bitter nötig haben, um in ferner Zukunft dieses hohe Ziel zu erreichen. Ohne ihre Impulse würden wir niemals imstande sein, zu dem vollkommenen Menschen von reiner Liebe zu werden, den Michael und Christus vor Augen haben.

Daher verbannte Michael zunächst Luzifer auf die Erde, wo dieser in der Lemurischen Zeitepoche auf den Menschen einzuwirken begann. Später, in der Atlantischen Epoche, begann Ahriman (von der Geistigen Welt aus) auf die Menschheit einzuwirken. So konnte es geschehen, dass Luzifer sich im irdischen Paradies auf den Menschen konzentrierte, und erst (viel) später der Impuls von Ahriman hinzukam.

An Kindern kann man die Impulse von Luzifer und Ahriman ablesen

Jeder Mensch wiederholt beim Aufwachsen im Zeitraffer die Entwicklung, die die gesamte Menschheit in ferner Vergangenheit Leben nach Leben durchlaufen hat. So können wir bei einem heranwachsenden Kind präzise erkennen, in welchem Moment Luzifer beginnt, auf das Kind einzuwirken, und in welchem Moment der Impuls Ahrimans spürbar wird. Damit wird deutlich, was in der fernen Vergangenheit geschehen ist, als zunächst Luzifer und später Ahriman auf die Menschheit einzuwirken begannen.

Um das dritte Lebensjahr herum beginnt das Kind, »Ich« zu sagen. Vor dieser Zeit spricht es in der dritten Person über sich selbst: »Jan muss Pipi machen« oder »Johanna will einen Keks haben«. Der Übergang zum »Ich«-Sagen kennzeichnet den Übergang des Kindes in ein Selbstbewusstsein, das es vorher noch nicht hatte. Diese Fähigkeit, »Ich« sagen zu lernen, verdanken wir dem Impuls Luzifers. Dank desselben Impulses von Luzifer beginnt das Kind auch, sich – in eben dieser Zeit – an bestimmte Dinge zu erinnern. Blicken Sie doch einmal zurück in die Zeit Ihrer frühesten Erinnerung: Das war die Zeit, in der Luzifer Ihnen das Geschenk eines Selbstbewusstseins gab, das es Ihnen nicht nur möglich machte, »Ich« zu sagen, sondern Sie waren dadurch auch imstande, Erinnerungen zu behalten. Wer sich einfühlt und sich diese Geschenke bewusst macht, wird automatisch ein Gefühl der Dankbarkeit gegenüber Luzifer entwickeln, weil es dieser ermöglichte, dass wir als Menschen solch große Schritte in unserer Entwicklung tun konnten.

Später, etwa um das neunte oder zehnte Lebensjahr, empfängt das Kind einen weiteren Impuls. Durch diesen bekommt es ein neues, stärkeres Selbstverständnis. Dieser Impuls bewirkt eine deutliche Trennung zwischen dem Kind und der Außenwelt. Vor diesem Impuls war die Welt des Kindes noch eine magische Welt, beseelt von Naturwesen, mit welchen es sich ganz direkt verbunden fühlte. Das »Ich« des Kindes ging noch fließend in die Außenwelt über. Dieser neue Impuls machte dem jedoch ein Ende und schenkte dem Kind die Möglichkeit, zu einem eigenen Urteil zu gelangen und zu lernen, klarer zu denken. Für jedes heranwachsende

Menschenkind ist dieser besondere Impuls Ahrimans ein unverzichtbares Geschenk!

So können wir an der Entwicklung des Kindes ablesen, was wir Luzifer und Ahriman zu verdanken haben: Selbstbewusstsein, die Möglichkeit zu lernen, »Ich« zu sagen, die Fähigkeit, unsere Erinnerungen zu behalten, selbstständig zu urteilen und logisch zu denken. Allein dank dieser Impulse ist es möglich, dass wir hier auf Erden unser »Ich« entwickeln: Zuerst unser niederes Ich oder Ego, danach unser Höheres Ich oder Höheres Selbst. Michael sorgte und sorgt dafür, dass diese Impulse exakt im richtigen Moment auf uns zukommen, und zwar genau in der Phase, in der wir für solch einen neuen Impuls empfänglich sind. So behütet er unsere menschliche Entwicklung mit äußerster Sorgfalt!

Das Spannende daran ist, dass auch die Bibel in Bildersprache auf diesen Doppelimpuls hinweist. Wer für diese Metaphorik ein Gespür entwickelt, beginnt (noch besser) zu verstehen, wie viele große esoterische Geheimnisse in bildlicher Weise in der Bibel beschrieben sind. Doch lassen Sie mich hierfür gleich ein Beispiel anführen.

Anfang, Mitte und Ende der Bibel

Zu Beginn der Bibel, und zwar im ersten Buch Mose, in der Schöpfungsgeschichte, wird in einer Reihe von eindrücklichen Bildern vom Teufel – Luzifer – erzählt. Plötzlich scheint er sich im irdischen Paradies herumzutreiben, in einem Gebiet oder Lebensbereich, in dem vorher absolut kein Hauch des Bösen zu finden war. Doch seit er dort ist, beginnt er, Eva und Adam zu verführen. Für den Leser/die Leserin ist klar: Er muss irgendwie auf die Erde verbannt worden sein, genau mitten ins Paradies hinab, sonst hätten Eva und Adam ihm dort niemals begegnen können.

Dank des esoterischen Christentums wissen wir, dass es Michael war, der ihn im Lemurischen Zeitalter auf die Erde verbannt hatte, damit er dort wirksam werden sollte. Michael, der große Sonnengeist, der die Entwicklung der Erde und der Menschheit lenken darf, tat dies, wie wir weiter oben festgestellt haben, mit Absicht, und zwar, um unserer menschlichen Entwicklung den notwendigen Impuls zu geben und uns Selbstbewusstsein (oder den Anstoß dazu) zu verleihen.

Ist es Luzifer, der Eva und Adam im Paradies zu verführen wusste, so wird am Ende der Bibel – und zwar im letzten Buch, in der *Offenbarung des Johannes* – berichtet, wie Ahriman aus der ätherischen Welt, aus der er damals auf den Menschen einwirkte, auf die Erde verbannt wurde. Außerdem wird erzählt, wie er dort beginnt, auf das Herz und das Denken des Menschen einzuwirken.

Auffällig ist, dass dieses letzte Buch der Bibel jahrhundertelang sehr beliebt war und viel Ansehen genoss. Man denke nur an die vielen Stiche, die Albrecht Dürer (1471–1528) machte, sowie an die Radierungen und Zeichnungen, die so viele andere Maler zu diesem Buch erstellten, und die jahrhundertelang viel Aufmerksamkeit erfuhren. Meine eigene Großmutter erzählte mir als Kind noch voller Enthusiasmus und Ehrfurcht von diesem Buch, während die heutigen Generationen es entweder gar nicht mehr kennen oder es wegen der bildlichen, apokalyptischen und damit so unverständlichen Sprache nicht mehr ernst nehmen.

Die Tatsache, dass dieses Buch nicht mehr verstanden und ernst genommen wird, ist schon auffällig, weil es eigentlich so viele äußerst wichtige Erkenntnisse über unsere heutige Zeit zu vermitteln hat. Doch wahrscheinlich muss der Gang der Dinge – aus esoterischer Sicht betrachtet – so sein. Zuerst muss eine alte Denkweise, und damit auch die alte Umgangsweise mit diesem Buch, nämlich das intuitive, inspirierte Erfassen des Inhalts, verschwinden, um einer neuen Weise der Betrachtung und des Nachdenkens über dieses Buch Platz zu machen: der des logischen Denkens und Begreifens.

Ahriman in der Offenbarung des Johannes

In diesem besonderen Buch (geschrieben von Johannes am Ende des ersten Jahrhunderts auf der griechischen Insel Patmos) wurde der Sturz Ahrimans, der im Jahre 1879 stattfand, bereits angekündigt, und zwar im Kapitel 12,7–9, wo berichtet wird:

»Und es erhob sich ein Streit im Himmel: Michael und seine Engel stritten mit dem Drachen; und der Drache stritt und seine Engel, und siegten nicht, auch ward ihre Stätte nicht mehr gefunden im Himmel. Und es ward ausgeworfen der große Drache, die alte Schlange, die da heißt der Teufel und Satanas, der die ganze Welt verführt, und ward geworfen auf die Erde, und seine Engel wurden auch dahin geworfen.«

Dieses letzte Buch der Bibel ist in der Mysteriensprache verfasst: Es wird in einer Sturzflut von eindringlichen Bildern über zukünftige Ereignisse und Entwicklungen berichtet. Der Drache scheint, wie wir bereits erkannt haben, das

Symbol Ahrimans zu sein. Der Himmel ist die Metapher für die ätherische Welt, die die Erde in Form einer Hülle umspannt. Aus dieser Welt wurde Ahriman von Michael auf die Erde verbannt, wo er direkten Zugang zu unserem Herzen und unserem Denken hat.

Die ganz besondere Mysteriensprache dieses Buches fordert uns auf zu verstehen, dass die beschriebenen Bilder einerseits auf zukünftige Entwicklungen und Geschehnisse hindeuten, andererseits aber auch auf Gefühle und Erfahrungen hinweisen, die wir in unserer eigenen Seele wahrnehmen können. Der Streit zwischen Michael und Ahriman spielt sich ja seit dem Sturz Ahrimans in unserem eigenen Herzen ab. Ahriman wirkt seitdem nicht mehr nur von außen auf uns, er wirkt jetzt auch von innen auf uns ein, und zwar auf unser Herz. Je mehr wir uns unbewusst mit seinen Impulsen verbinden, desto stärker kann er auf uns einwirken.

Eben durch diesen ahrimanischen Impuls konnte die Menschheit in den letzten Jahrhunderten solch gewaltige Sprünge bei der Entwicklung im Bereich der Technik und der Bewirtschaftung der Erde machen. Wer hierüber meditativ reflektiert, beginnt zu spüren, dass wir Ahriman auch dankbar für diesen Impuls sein dürfen.

Die Gegenpole Luzifer und Ahriman

Ahriman und Luzifer haben uns folglich Geschenke gemacht, ohne die wir niemals zu dem Menschen hätten werden können, zu dem wir heute geworden sind. Wir haben ihnen also auch viel zu verdanken. Daher ist es gerechtfertigt und sinnvoll, ihnen unseren Dank zu erweisen. Natürlich bringen und brachten sie uns auch viel Ärger und Leid – doch müssen wir im Leben nicht auch lernen, Menschen – und somit auch geistigen Wesen – dankbar zu sein, die uns zwar Schmerz zugefügt, uns jedoch auch viel beigebracht haben?

So ist das auch bei unserem Umgang mit Luzifer und Ahriman. Ihnen unsere Dankbarkeit entgegenzubringen, ist dabei auch für uns selbst wichtig; denn unsere Dankbarkeit scheitert daran, dass wir in eine krampfhafte Angst vor diesen beiden verfallen – die Angst erstickt die Dankbarkeit. Übrigens hätten sie gern, dass wir in Angst verfallen, weil sie uns damit in ihrer Gewalt haben.

Wie gesagt, bringen uns Ahriman und Luzifer – wenn sie es verstehen, uns mit ihrer extremen Einseitigkeit ins Schlepptau zu nehmen – auch viel Elend, nämlich entweder einen oberflächlichen Materialismus, von dem die Geistige Welt nichts wissen will, oder einen Egoismus und eine nebulöse Wahrnehmung, mit der wir uns dem wahren Leben entziehen und uns nicht weiter entwickeln können.

Wenn wir darüber nachdenken, was Luzifer und Ahriman uns antun, fällt vor allem eines auf: Es hat manchmal den Anschein, als könnten wir ihrer Verführung nicht entkommen. Wenn wir versuchen, die Einwirkung von Luzifer zu vermeiden und nicht einseitig himmlisch orientiert sein wollen, fallen wir automatisch in die Hände von Ahriman, der uns in das andere Extrem eines rein materialistischen Lebens zieht. Wollen wir uns daher jedoch aus diesem eisernen Würgegriff Ahrimans befreien, um nicht rein materialistisch zu werden, dann geraten wir unbemerkt aufs Neue in die Fänge Luzifers, der uns dann wieder ins andere Extrem eines oberflächlichen

Egoismus und einer nebulösen, himmelsorientierten Lebenshaltung zieht.

Christus als Mittelweg zwischen Luzifer und Ahriman

Wie können wir dem eisernen Zugriff der beiden jemals entkommen? Dies gelingt nur dann, wenn wir uns innerlich auf Michael ausrichten – und in ihm auf Christus selbst. Christus ist es, der uns hilft, den Weg der Mitte zu finden, den Weg des Gleichgewichts zwischen Luzifer und Ahriman. Er bringt uns bei, Ehrfurcht vor dem Himmel (vor der Geistigen Welt) sowie aufrichtigen Respekt vor der Erde zu entwickeln. Er lehrt uns, das Gleichgewicht zwischen Liebe gegenüber uns selbst und Liebe für den anderen zu halten. Er lehrt uns, »Ja« zu sagen, aber ebenso gut »Nein«, wenn es nötig ist. Er lehrt uns, Gott zu lieben, doch in gleichem Maße ebenso sehr unseren Nächsten. Er lehrt uns, das Geistige in uns zu achten sowie auch unseren Körper. In der Bildersprache wird dieses so besondere Verhältnis zwischen Luzifer, Ahriman und Christus in der Bibel ganz deutlich zum Ausdruck gebracht:

- Luzifer wird nämlich gleich *im ersten Buch der Bibel, in der Schöpfungsgeschichte,* genannt.
- Über Christus und seine Inkarnation im Menschen Jesus von Nazareth (bei der Taufe im Jordan) wird *in der Mitte der Bibel,* und zwar zu Beginn des Neuen Testaments, erzählt.

- Über Ahriman hingegen wird erst *am Ende der Bibel*, im Buch der *Offenbarung des Johannes*, berichtet.

Allein schon diese Art der Darstellung zeigt uns, wie wir Luzifer und Ahriman entrinnen können – durch den Weg Christi oder den Weg der Wahl der Mitte. So ist es auch unsere Aufgabe, in dieser Inkarnation zu lernen, die wahre Mitte zwischen der Beeinflussung durch Luzifer und Ahriman zu finden – und zwar indem wir den Weg von Jesus Christus wählen, den Weg der Mitte.

Eine weitere vielsagende Metaphorik in der Bibel bilden die drei Kreuze auf Golgatha, wo der gekreuzigte Jesus Christus mitten zwischen zwei Missetätern hängt. Die beiden Übeltäter symbolisieren Luzifer und Ahriman. Der gekreuzigte Jesus Christus symbolisiert den Weg der Mitte zwischen Luzifer und Ahriman. Intuitiv hat man die tiefe Bedeutung dieses Bildes immer gespürt. Daher ist es so unzählbar oft in der Geschichte gemalt und auf mannigfache andere Weise dargestellt worden.

Michael, dem großen Erzengel und geistigen Führer unserer heutigen Zeit, liegt – als Antlitz Christi – alles daran, uns dieses Bild der drei Kreuze immer wieder vor Augen zu holen, so dass wir dadurch inspiriert werden, uns auf die Suche nach dem Weg der Mitte zu machen und auf diese Weise zu entdecken, wie wir Luzifer und Ahriman in unserem Herzen besiegen können.

Die Inkarnationen von Luzifer, Christus und Ahriman

In Übereinstimmung mit einem Beschluss der göttlichen Weltenlenkung inkarnierten Luzifer und der Christus in der Vergangenheit in einem menschlichen Körper und lebten als Mensch mitten unter den Menschen auf Erden.

Christus tat das, um uns das Geschenk des Höheren Selbst zu bringen, Luzifer tat es, um uns zu verführen. Auch Ahriman soll einmal als Mensch hier auf Erden erschienen sein, und auch er hat die Absicht, uns zu verführen.

- Um das Jahr 3.000 v. Chr. ist Luzifer als Erster dieser drei als Mensch inkarniert. Manche sagen, dass er sich im chinesischen Kaiser Huang Di (dem gelben Kaiser) inkarniert hat.
- Danach inkarnierte der Christus zu Beginn unserer Zeitrechnung in dem Menschen Jesus von Nazareth.
- Schließlich soll Ahriman zu Beginn des dritten Jahrtausends (und somit in unserer heutigen Zeit) Fleisch werden.[32]

Das bedeutet, dass die ahrimanischen Geister derzeit schwer damit beschäftigt sind, die Inkarnation Ahrimans vorzubereiten, so dass er schnell so viel Erfolg wie möglich verbuchen und den Menschen ganz in seinen Bann ziehen kann.[33] Folglich erleben wir heute einen starken Anstieg an kurzsichtigem, materialistischem Denken, beispielsweise in Form von gentechnisch manipulierter Nahrung. In diesem Gedankengebäude ist kein Platz für den Heiligen Geist und die Geistige Welt, für die Liebe und für ein Leben nach dem Tod.

Die Tatsache, dass wir ausgerechnet in der heutigen Zeit inkarniert sind, bedeutet, dass wir, bevor wir dieses irdische Leben begonnen haben, in der Geistigen Welt beschlossen haben, im großen geistigen Kampf, der nun auf Erden ausgebrochen ist, eine Rolle zu spielen (ob wir uns dessen nun bewusst sind oder nicht!), und zwar um entweder der Diener Ahrimans zu werden und das materialistische Denken dieser Zeit zu unterstützen und zu verstärken oder um der Diener Christi – und folglich der Diener Michaels – zu werden und ihn um Unterstützung bei der Ausrichtung auf den Weg der Mitte zu bitten.

Wenn wir uns dafür entschieden haben, Diener Michaels und nicht Ahrimans zu werden, bedeutet das ganz konkret, dass wir uns in dieser ahrimanischen Zeit – gegen den Strom – der Geistigen Welt bewusst werden sowie der geistigen Wirklichkeit, die hinter all dem Sichtbaren lebt, des Geistes in uns selbst, der geistigen Gesetze und des Lebens nach unserem Tod.

Viele, die die Fakten über die bevorstehende Inkarnation Ahrimans untersucht haben, sind zu der Schlussfolgerung gekommen, dass Ahriman in Amerika inkarnieren wird.[34] Wer darüber nachdenkt, wird schnell erkennen, wie vielsagend es ist, dass der heutige amerikanische Präsident Donald Trump jemand ist, für den in der Tat einzig und allein die Wirtschaft maßgebend ist, die Welt des Geldes und der Materie. Ein derartiges politisches Klima ist die beste Vorbereitung auf die Inkarnation Ahrimans, die wir uns nur vorstellen können. Wer dies erkennt, versteht, wie sehr Michael uns braucht, so dass ein Gegengewicht zu dieser Entwicklung entsteht und michaelische Kräfte auf Erden wirksam werden.

II.
EINE NEUE DENKWEISE
UND NEUE ANTWORTEN

Der Sprung in ein höheres Denken

Von der Geistigen Welt werden Michael viele Aufgaben anvertraut. Doch vielleicht die wichtigste all dieser Aufgaben besteht darin, dass er kommt, um uns einen neuen, tieferen Einblick in das Mysterium Christi zu schenken. Wir können sogar sagen, dass es zu seiner Mission gehört, uns eine neue Christus-Offenbarung zu schenken. Das bedeutet, dass er uns einen neuen, tieferen Einblick in die Kreuzigung und den Tod Jesu Christi auf dem kleinen, eigentlich so unbedeutenden Hügel Golgatha in Jerusalem vor 2000 Jahren geben möchte – ein absolut maßgebliches Ereignis, das im esoterische Christentum als »Mysterium von Golgatha« bezeichnet wird.

Insbesondere geht es Michael darum, uns in der heutigen Zeit eine Antwort auf folgende Fragen zu geben: »Warum sind diese beiden Ereignisse – das Leiden und Sterben Jesu Christi am Kreuz auf Golgatha und seine Auferstehung drei Tage später – die wichtigsten Ereignisse in der gesamten Geschichte der Menschheit? Warum und wie fand damals, zu Beginn unserer Zeitrechnung, der große Wendepunkt in der menschlichen Entwicklung statt?« Denn das ist es ja gerade, was das Christentum durch die Jahrhunderte hindurch immer gesagt hat, auch wenn viele immer weniger begreifen, warum das so ist.

Nun hat der Mensch in den vergangenen Jahrhunderten große Fortschritte auf dem Weg seiner geistigen Entwicklung gemacht. Dabei hat er insbesondere auch seine Denkkraft entwickelt, wenn es sich dabei bis jetzt vor allem auch um ein rationales, logisches Denken handelt. Doch mit dieser neu erworbenen Denkkraft können wir nicht mehr verstehen, warum das Mysterium von Golgatha so alles entscheidend ist. Früher konnten die Menschen das noch glauben, weil sie noch über ein intuitives, inspiriertes Denken verfügten, das uns von den Engeln geschenkt worden war. Doch die Engel haben sich zurückgezogen, um uns die Chance zu geben, unser eigenes Denken zu entwickeln. Das bedeutet, dass die frühere Glaubenskraft ihren Platz für die größere Denkkraft des heutigen Menschen räumen musste. Doch mit diesem neuen Denken konnten wir – bis heute – das Mysterium von Golgatha nicht begreifen. Daher will Michael uns helfen, einen Sprung hin zu einem anderen, höheren Denken – einem geistigen Denken – zu tun, so dass wir mit Hilfe dieses höheren Denkens eine Antwort auf die obengenannten Fragen finden können. Eine Antwort, die wir auch wirklich begreifen können, wenn wir zumindest bereit sind, den Sprung hin zu diesem höheren Denken zu tun.

Ein Mensch oder ein Gott?

Wenn wir – als Schüler Michaels – diesem Schritt für Schritt bei seinen Einsichten folgen möchten, die er uns in der heutigen Zeit schenkt, merken wir ganz schnell, dass er uns zuerst mit dem Mysterium beschäftigen lässt, das erklärt, wie der Mensch Jesus und der göttliche Christus ganz allmählich eins werden. Daher möchte ich mich nun zunächst mit dieser jahrhundertealten Frage befassen: »War Jesus Christus nun ein Gott, war er ein Mensch oder war er beides?«

An der Art und Weise, wie Christen durch die Jahrhunderte hindurch gelernt haben, das Geheimnis Jesu Christi zu begreifen, können wir eine Dualität wahrnehmen – eine Dualität zwischen der Aufnahme des Christus-Mysteriums (also der Art und Weise, dieses zu begreifen) in Westeuropa und der in Osteuropa. In Westeuropa wurde (und wird heute noch) die Betonung immer auf den menschlichen Aspekt von Jesus Christus gelegt, und somit auf sein Leiden und Sterben am Kreuz. Auf vielen Gemälden berühmter Maler sehen wir folglich auch vor allem sein Leiden am Kreuz dargestellt. Ein ausgesprochen gutes Beispiel hierfür ist das Altargemälde von Matthias Grünewald, das die Kreuzigung von Jesus Christus auf eine tief menschliche Weise abbildet. Es ist für viele aufgrund der äußerst realistischen Weise, mit welcher der so geschundene Körper des leidenden Jesus Christus dargestellt wird, ein schockierendes Gemälde. Es hängt im Museum von Colmar (in Frankreich, nicht sehr weit entfernt von Basel) und zieht jährlich Tausende von Besuchern an. Darüber hinaus ist auffällig, dass in der westeuropäischen Tradition das Geheimnis der Auferstehung zwar pflichtgemäß erwähnt, jedoch kaum ausgearbeitet und dargestellt wird, weder in der Theologie noch in der Kunst. In der westlichen Tradition liegt die Betonung nicht auf der Auferstehung, sondern auf dem Leiden Jesu Christi.

In Osteuropa (Russland, Griechenland, Serbien, Rumänien und anderen Ländern) wird hingegen vor allem der göttliche Aspekt Jesu Christi betont. Dort wird Jesus Christus als göttliches Wesen dargestellt – als »Pantokrator«, ein Begriff, der »Weltenherrscher« oder » Herrscher über Alles« bedeutet. Bei dieser Darstellung – also in der osteuropäischen Tradition – liegt die Betonung vor allem auf der Allmacht, die Jesus Christus, dem Pantokrator, als göttliches Wesen zu eigen ist. Die Darstellung ist sehr beliebt: Sie kommt in der zentralen Kuppel beinahe aller orthodoxen Kirchen und auf den Ikonostasen (die mit Ikonen verzierte Wand, die den Altarraum vom Kirchenschiff abteilt) vor.

Die westeuropäische Tradition hat also den Fokus auf dem Menschen Jesus, die osteuropäische Tradition hingegen auf der Göttlichkeit Christi. Diese Dualität zwischen West- und Osteuropa wirft folgende Fragen auf: »Wer war Jesus Christus denn eigentlich? War er nun ein Mensch oder ein Gott? Oder war er vielleicht gar beides? Ist eventuell eine höhere Betrachtungsweise möglich, bei der diese beiden Aspekte gleichermaßen berücksichtigt werden?«

Vom dualistischen Denken zur Gleichgewichtung

Die Dualität – war er ein Gott oder ein Mensch – war in den zurückliegenden Jahrhunderten nötig, weil es während all dieser Jahrhunderte noch nicht möglich war, auf andere, höhere Weise über dieses Mysterium nachzudenken. Die Menschen mussten daher eben von der dualistischen Denkweise ausgehen, die ihnen zu eigen war und der wir auch heute noch in allem begegnen.

Man denke beispielsweise nur an die Tatsache, dass Männer und Frauen jahrhundertelang als zwei verschiedene Gattungen von Mensch betrachtet wurden, die folglich auch unterschiedlich behandelt werden mussten. Erst während der letzten Jahrhunderte begannen wir immer mehr, im Sinne von Gleichstellung zu denken. Doch sogar heute noch kann von einer völligen Gleichberechtigung bei Lohnfragen keine Rede sein – so schwierig ist es offensichtlich, Männer und Frauen aus einer höheren Perspektive heraus vor allem als Menschen zu betrachten und sie in jeder Hinsicht gleichwertig zu behandeln! Darüber hinaus kennen wir – wie wir bereits festgestellt haben – auch weitere Dualitäten, wie innen und außen, unten und oben, ängstlich oder übermütig und so weiter. Wer einmal beginnt, wirklich über die Dualität nachzudenken, begegnet ihr fortwährend überall.

Der Mensch Jesus und der göttliche Christus

Michael möchte uns in dieser so besonderen Zeit beibringen, den Sprung von einem dualistischen Denken in eine höhere Form des Denkens zu machen, das die alten Gegensätze überwindet. Wie wir bereits festgestellt haben, möchte Michael uns dies insbesondere lehren, wenn es um das Mysterium Jesu Christi geht. Um uns diese höhere Erkenntnis schenken zu können, möchte er uns zuerst Einblick in die Entwicklung, beziehungsweise in den Prozess geben, bei dem der Mensch Jesus von Nazareth und der kosmische, göttliche Christus allmählich eins werden – zu Jesus Christus; denn der Mensch Jesus von Nazareth und der göttliche Christus waren anfangs zwei unterschiedliche Wesen, verschmolzen aber langsam zu einem. Wie diese Einswerdung sich genau vollzogen hat, berichte ich später, doch zunächst möchte ich noch ein Beispiel für diesen alten Dualismus anführen.

Dieser Dualismus – der im Menschen Jesus und im göttlichen Christus zwei unterschiedliche Wesen sieht – wird nämlich sofort deutlich, wenn wir auf das Weihnachtsfest blicken, und zwar auf die Art und Weise, wie dieses Fest in West- und Osteuropa gefeiert wird. In Westeuropa wird Weihnachten am 25. Dezember gefeiert. Im Mittelpunkt steht dabei die Geburt des Kindes (und folglich des Menschen) Jesus von Nazareth.

In Osteuropa wird das Christfest natürlich ebenfalls gefeiert, aber dort dauert es vierzehn Tage. Es beginnt mit der Geburt des Jesuskindes. Doch vierzehn Tage später wird die Taufe von Jesus im Jordan gefeiert, als Abschluss und Vollendung und als Höhepunkt des Weihnachtsfestes. Das ist vielsagend, denn die Taufe im Jordan bedeutet ursprünglich die Inkarnation des göttlichen Christus(geistes) im Menschen Jesus von Nazareth.

Das Fest der Taufe im Jordan ist für das östliche orthodoxe Christentum das wichtigste Fest der Weihnachtszeit, nämlich wirklich der Abschluss und die Vollendung dieser Zeit. So wird der Unterschied zwischen West und Ost sofort klar: Im Westen liegt die volle Aufmerksamkeit auf der Geburt des Menschen Jesus, im Osten liegt die Aufmerksamkeit vor allem auf der Geburt, beziehungsweise der Inkarnation des kosmischen Christus.

Das bedeutet – wie wir bereits weiter oben festgestellt haben – dass in Osteuropa vor allem die Einsicht in das Mysterium Christi bewahrt geblieben ist. Dieser Fokus ging tatsächlich auf Kosten des Augenmerks für den Menschen Jesus. In Westeuropa lag und liegt die Betonung auf dem Menschen Jesus von Nazareth. Dieser einseitige Fokus ging freilich zu Lasten des Augenmerks für den kosmischen Christus.

Welchen Blickwinkel wir aus der Sicht Michaels einnehmen sollten

Michael möchte uns beibringen, die Dinge anders zu betrachten, und uns zeigen, wie wir diese Dualität überwinden können; und zwar folgendermaßen: Jesus von Nazareth war der bedeutendste von allen Menschen. Er wurde in Bethlehem geboren. Seine Geburt feiern wir am 25. Dezember mit dem Weihnachtsfest. Doch vierzehn Tage später, am 8. Januar, feiern wir die Taufe von Jesus im Jordan, denn als Jesus dreißig Jahre alt war, wurde er von Johannes dem Täufer getauft. Bei der Taufe stieg – wie die Evangelien berichten – der Christus in Gestalt einer Taube auf Jesus nieder und verkörperte sich in ihm. Ab diesem Moment sprechen wir nicht mehr von (dem Menschen) Jesus, sondern von Jesus Christus.

Wer bereit ist, sich mit diesen Erkenntnissen zu beschäftigen und auf diese Weise zum Michaels-Schüler wird, beginnt auch zu begreifen, warum zwei Evangelien in der Bibel (Matthäus und Lukas) die Geburt des Jesuskindes beschreiben, und die beiden anderen Evangelien (Markus und Johannes) die Taufe Jesu im Jordan, als die Inkarnation des Christus im Menschen Jesus von Nazareth. Dies sind die beiden Aspekte des einen Mysteriums.

Nach drei Jahren endlich eins

Als der Christus bei der Taufe im Jordan im Menschen Jesus von Nazareth inkarnierte, konnte der Christus-Geist nicht sofort alle Zellen seines neuen Körpers durchdringen und umformen. Hellsichtige berichteten, dass sie nach der Taufe im Jordan rings um Jesus Christus so etwas wie einen Nebel oder eine Wolke wahrnahmen – die Christus-Energien, die Jesus Christus nicht sofort in seinem Körper aufnehmen konnte. Drei Jahre lang brauchte Jesus Christus, um all diese Energien in sich aufzunehmen und seinen Körper damit bis in alle Zellen hinein zu transformieren. Erst dann – nach drei Jahren – waren der Mensch Jesus und der göttliche Christus endlich eins geworden. Wenn man dies zum ersten Mal liest und beginnt, darüber nachzudenken, erscheint es vielleicht befremdlich und möglicherweise sogar an den Haaren herbeigezogen. Doch aus eigener Erfahrung weiß ich, wie bereichernd es ist, wenn man bereit ist, diese Gedanken in der Seele keimen zu lassen. Vielleicht kann folgende Überlegung Ihnen dabei helfen.

Ein Mensch (oder eine »Individualität«, wie es in der esoterischen Tradition meist heißt), der aus der Geistigen Welt kommt und sich mit einem heranwachsenden Körper (Fötus) im Mutterschoß verbindet, muss sich nach seiner Geburt zunächst diesen neuen physischen Körper zu eigen machen. Jeder Mensch (jede Individualität) braucht sieben Jahre, um diese Aufgabe zu vollbringen und alle Zellen seines Körpers mit seinen Energien zu durchdringen und zu individualisieren.

Dieses erste Jahrsiebt endet mit dem Zahnwechsel; dann erhält der Mensch sein eigenes, einzigartiges Gebiss, an dem er immer zu erkennen ist. Mit diesem Gebiss ist die (erste) Transformation des physischen Körpers vollzogen – dann hat er sich die Individualität diesen neuen Körpers zu eigen gemacht.

Auf vergleichbare Weise brauchte der Christus drei Jahre, um den Körper von Jesus von Nazareth umzuformen und bis in alle Zellen hinein zu »verchristlichen«. Erst als Jesus Christus am Kreuz hing, wurde dieser Prozess vollendet, und er wurde zum ersten verchristlichten und vollständig transformierten, vergöttlichen Menschen, zu dem wir einst, in ferner Zukunft, einmal werden dürfen.

Der erbitterte Kampf in Gethsemane

Viele Menschen kennen die Geschichte vom Garten Gethsemane, wo Jesus Christus am Donnerstagabend – nachdem er vorher das (letzte) Abendmahl mit seinen Jüngern gefeiert hatte – hingegangen und gefangen genommen worden war. Bevor die Soldaten ihn gefangen nahmen, betete er dreimal zu Gott. In dieses eindringliche Gebet legte er seine ganze Seele und sein ganzes Wesen hinein. Im Evangelium heißt es sogar, dass seine Schweißperlen zu Blutstropfen wurden.

Warum betete Jesus Christus so eindringlich und worum hat er Gott gebeten? Dies wurde im Evangelium äußerst zurückhaltend formuliert, und zwar mit der Aussage, dass er Gott darum bat, »ihm den Trinkbecher wegzunehmen«. Was war mit dieser bildlichen Ausdrucksweise gemeint?

Um dies zu verstehen, müssen wir uns in die Situation, in der Jesus Christus jenes Gebet sprach, hineinversetzen. Es war nämlich so, dass in dem Moment, als Jesus Christus dieses Gebet sprach, sein Körper zu sterben drohte. In der Bibel steht folglich auch, dass er in jenem Moment im Todeskampf lag – in »Agonie«, im Todeskampf, wie es im griechischen Text der Bibel steht.[35]

Durch den Umstand, dass drei Jahre lang solch unvorstellbar starke, gewaltige Energien in und an seinem Körper wirksam gewesen waren, war sein physischer Körper verschlissen – er war vollkommen verbraucht. Doch dort, in jenem Moment, im Garten von Gethsemane, war die völlige Transformation seines Körpers durch die Christus-Energien noch nicht vollständig vollzogen; noch nicht alle Körperzellen waren umgeformt.

Das bedeutete, dass Jesus Christus zu sterben drohte, bevor er seine große Mission erfüllt hatte, nämlich der erste völlig verchristlichte, vergöttlichte und transformierte Mensch zu werden. Es wäre wirklich fatal gewesen: Nur wenn Jesus Christus als erster Mensch die totale Transformation und Verchristlichung (oder Vergöttlichung) erreichte, würden alle anderen Menschen einst, in ferner Zukunft, jenes hehre Ziel auch einmal erreichen können und dürfen. Das bedeutete, dass für Jesus Christus in jenem Moment die ganze Zukunft der Menschheit auf dem Spiel stand!

Daher steht in der Bibel, dass an jenem Abend in Gethsemane der Schweiß auf seiner Stirn zu Blutstropfen wurde, die von seinem Gesicht auf den Boden hinab fielen und die Erde durchtränkten – so sehr war sich Jesus Christus der entscheidenden Bedeutung jenes Moments bewusst – und das, während seine Jünger »schliefen« und überhaupt nicht begriffen, was ihr Meister in jenem Moment durchlebte. Dreimal rief Jesus Christus mit all seiner Herzenskraft im Gebet eindringlich um Hilfe. Dann, nach dem dritten Gebet, erschien ein Engel. Dieser schenkte ihm neue Kraft – neue Körperkraft, die es ihm ermöglichte, noch einen Tag lang durchzuhalten – so lange, bis er am Freitag am Kreuz erleben durfte: »Nun ist die Transformation vollzogen, nun habe ich meinen Auftrag erfüllt.« Daher konnte er in jenem Moment folgende Worte sagen: »Mein Gott, mein Gott, was hast du mich verherrlicht!«[36] Nach diesen Worten schrie er laut auf und verschied.

Mit unserem Herzen denken

Michael persönlich hat uns – wie wir gleich sehen werden – das Geschenk des neuen, höheren Denkvermögens gemacht, mit dem wir diese Mysterien begreifen können. Wir können dies alles ja nicht mit einem abstrakten, rationalen Denken begreifen. Nur wenn dieses Denken mit den warmen, lebendigen Kräften unseres Herzens durchströmt wird, werden wir fähig, dieses Mysterium zu begreifen.

Dieses neue Denkvermögen erfordert unsere innere Bereitschaft dazu, uns darin zu schulen. Doch wenn wir bereit sind, diesen Sprung zu tun und in aller Freiheit beschließen, uns in diesem anderen, höheren Denkvermögen zu schulen, werden sich uns neue, Geistige Welten öffnen. Das Einzige, was dabei von uns verlangt wird, ist, dass wir zulassen, dass die stillen Kräfte des Staunens, der Ehrfurcht und des Respekts in uns zur Entfaltung kommen. Dies sind nämlich die Kräfte, mit welchen wir lernen werden, mit unserem Herzen zu denken.

12.

DIE ERSTE OFFENBARUNG MICHAELS ÜBER DEN CHRISTUS

Die beiden Jesuskinder

Wer sich einmal – auf den Spuren Michaels – der vielen Christus-Mysterien bewusst wird, kommt aus dem Staunen nicht mehr heraus. Es ist atemberaubend, welche Einsichten uns Michael Schritt für Schritt schenkt. Dabei wird deutlich, dass wir immer noch erst am Beginn der Enträtselung der vielen verborgenen Christus-Mysterien stehen, die nun beginnen, ans Licht zu kommen – vor allem dank des großen Eingeweihten Rudolf Steiner, der imstande war, die Akasha-Chronik zu lesen – jene geistigen Aufzeichnungen, in welchen der Abdruck all dieser Mysterien bewahrt wird. Rudolf Steiner arbeitete aufs Engste mit Michael zusammen. In der letzten Phase seines Lebens war es sogar so, als würde Michael durch ihn hindurch sprechen. Aus seinen geistigen Wahrnehmungen und Inspirationen heraus erzählte er unter anderem über die Mysterien des Menschen Jesus von Nazareth, in dem sich der Christus verkörpert hatte.

Jesus von Nazareth musste schon ein ganz besonderer Mensch gewesen sein, der seine Mitmenschen mit Kopf und

Schultern überragte. Er musste ja imstande sein, im dreißigsten Lebensjahr ein göttliches Wesen in sich aufzunehmen und dessen unvorstellbar große Energien zu ertragen, ohne daran sofort zu sterben.

Außerdem musste er – um diese große Mission erfüllen zu können – über die höchste Weisheit verfügen, die ein Mensch auf Erden erwerben kann, und folglich viele Erdenleben durchlebt haben, um so weise werden zu können. Er musste ja mit der größtmöglichen Weisheit mit den Christus-Energien umgehen: Würdevoll, stark und mit dem Mut, mit seinen Erfahrungen vollkommen allein dazustehen. Doch andererseits musste er frei von Karma und vollkommen rein sein. Nur jemand, der vollkommen rein ist, kann das Allerreinste tragen – ein göttliches Wesen. Doch auf Erden ist kein einziger Mensch zu finden, der frei von Karma und vollkommen rein ist. Wer auf Erden lebt, erhält unausweichlich allerhand Lebenslektionen, lädt sich folglich Karma auf und ist somit nicht mehr vollkommen rein. Also musste der Träger des Christus in der Tat auch jemand sein, der nie zuvor auf der Erde gelebt hatte.

Diese beiden Attribute – Weisheit und vollkommene Reinheit – gehen nicht miteinander einher und sind in keinem einzigen Menschen zu finden. Daher gab es zwei Jesuskinder! Eines, das ganz oft auf der Erde gelebt hatte, und eines, das noch niemals dort gelebt hatte. Allein dadurch, dass diese beiden Menschenkinder ihre ganz besonderen Talente in einem bestimmten Moment miteinander verschmelzen ließen und vereinigten, konnte dieser eine Mensch entstehen, der zum einen über die höchste irdische Weisheit verfügte, zum anderen auch vollkommen frei und rein war.

- Das erste Kind war eine Inkarnation des großen Eingeweihten Zarathustra. Dieser kehrte als der königliche Jesus auf die Erde zurück. Über ihn berichtet das Matthäus-Evangelium. Er flüchtete mit seinen Eltern nach Ägypten. Direkt nach seiner Geburt kamen drei Könige aus dem Osten zu Besuch: Sie waren in einem früheren Leben Schüler Zarathustras gewesen und wussten aufgrund ihrer astrologischen Kenntnisse, dass ihr großer Meister sich erneut verkörpert hatte.

- Das andere Kind hieß einst Jesus. Dieses Kind hatte niemals zuvor auf Erden gelebt. In ihm lebte das Höhere Selbst von Adam, das von Gott in der Geistigen Welt zurückgehalten worden, nun jedoch zum ersten Mal zur Erde hinabgestiegen war. Dieses Kind war der Jesus, über den das Lukas-Evangelium berichtet. Er wurde in einer Höhle (die als Stall genutzt wurde) in Bethlehem geboren. Sein Vater war Zimmermann. Die Reinheit seines Wesens berührt heute noch jedes Jahr zu Weihnachten Millionen von Menschen, ohne dass sie wissen, woher diese Reinheit denn eigentlich kommt.

Die beiden werden eins

Als die beiden Kinder zwölf Jahre alt waren, machten sie gemeinsam mit ihren Eltern eine Reise zum Tempel in Jerusalem. Dort vollzog sich ein beeindruckendes Mysterium: Das »Ich« des königlichen Jesuskindes verließ dessen Körper und ging in das andere Jesuskind über. Klarer ausgedrückt: Die Weisheit Zarathustras ging auf das andere Jesuskind über.

Das andere Kind – das die Erde nicht kannte, weil es nie zuvor auf Erden gelebt hatte – war immer ein stilles, zurückgezogenes Kind gewesen, ein Naturkind. Scheue und verletzte Tiere, die sonst nie die Nähe eines Menschen suchten, kamen selbstverständlich zu ihm und ließen sich von ihm gesund pflegen. Es war mit Sicherheit kein intellektuelles Kind, wie wir das heute nennen würden – es war mehr ein Träumer als intellektuell.

Daher war seine Mutter auch so überrascht, als sie ihn in Jerusalem inmitten eines Kreises von Schriftgelehrten und Pharisäern antraf. Noch überraschter war sie, als sie hörte, wie ihr Sohn alle möglichen Fragen beantwortete! Es schien, als würde er sich dort auf Augenhöhe mit den Schriftgelehrten unterhalten. Für Maria war das unvorstellbar: Ihr Kind, das stille Kind, das am liebsten ganz für sich allein in der Natur herumstreunte, sprach nun mit großer innerer Autorität mit den Schriftgelehrten. Das war nur möglich, weil in ihm die Weisheit Zarathustras lebte.

Das königliche Jesuskind (dessen »Ich« es verlassen hatte) kümmerte dahin und starb wenig später. Das andere Jesuskind jedoch trug nun sowohl die Weisheit Zarathustras in sich als auch die karma-freie Liebeskraft des Höheren Selbst von Adam. Nun besaß es alle geistigen Kräfte, die es ihm ermöglichten, später, bei der Taufe im Jordan, den Christus in sich aufzunehmen und in sich zu tragen.[37]

Ich selbst habe jahrelang innerlich mit diesem Mysterium gelebt. Zunächst verstand ich es überhaupt nicht, bis mir eines Tages klar wurde, dass wir nur zu einem tieferen Einblick in die Christus-Mysterien kommen können, wenn wir sie innerlich begreifen. Ich berichte darüber in meinem Buch »Das

Geheimnis der beiden Jesuskinder«.[38] Die Tatsache, dass ich den Weg zu diesem Geheimnis finden durfte, erlebe ich mit großer Dankbarkeit als die stille Führung durch Michael in meinem Leben.

Die sieben großen Mysterien Christi

Inzwischen gibt es zahllose Bücher, gefüllt mit den neuen, vertieften Erkenntnissen, die Michael uns mit der Offenbarung der Christus-Mysterien schenkt. In enger Zusammenarbeit mit ihm war es, wie oben bereits festgestellt, Rudolf Steiner, der uns Schritt für Schritt, Jahr um Jahr, einen tieferen Einblick in diese Mysterien gewährte. Darüber hinaus waren es Menschen wie Emil Bock und Sergej Prokofieff (der Enkelsohn des russischen Komponisten), die ihr Leben diesen neuen Erkenntnissen gewidmet und in ihren Büchern auf beeindruckende Weise darüber berichtet haben.[39] So ermöglichen sie es anderen, auch selbst eine innere Verbindung zu den neuen Offenbarungen Michaels über die Mysterien Christi herzustellen.

Ihre Erkenntnisse kulminieren meinem Empfinden nach in der zusammenfassenden Beschreibung, die Sergej Prokofieff von diesen Mysterien gibt. Ich gebe diese – so wie ich sie verstanden habe – gerne hier an Sie weiter, doch sehr wohl in dem Wissen, dass man Jahre dazu braucht, um diese Mysterien innerlich zu durchfühlen, zu erfahren und damit zu verwachsen. Ich kann nur hoffen, dass Sie bereit sind, diese Mysterien auf Ihre Seele wirken und dort reifen zu lassen. Wenn Sie das tun, werden Sie eines Tages erkennen, welch großes Geschenk Sie mit diesen Erkenntnissen bekommen haben. Sergej Prokofieff beschreibt sie wie folgt:

1. *Das erste Mysterium: Die Empfängnis des Christus*

Das erste Mysterium ist die Taufe im Jordan. Seinerzeit stieg dort der kosmische Christus, der hohe Sonnengeist, zur Erde hinab und verband sich mit (dem Körper und der Seele von) Jesus von Nazareth und verkörperte sich in ihm. Die Evangelisten beschreiben dieses Ereignis bildhaft, als sei der Christus-Geist in Gestalt einer Taube auf ihn niedergestiegen. Dabei erklang eine Stimme aus dem Himmel, die (laut alten Bibel-Handschriften) sagte: »Du bist mein Sohn, heute habe ich dich gezeuget.«[40] Dies ist ein Spruch, den die Juden gut kennen: Es ist ein Zitat aus dem Alten Testament, und zwar aus Psalm 2,7.[41] Es sind Worte, die das eigentliche Mysterium, das sich bei der Taufe vollzog, auf den Punkt bringen: Nun verbindet sich der kosmische Christus mit der irdischen Sphäre, nun wird er gezeugt. Das heißt: Die Taufe ist die Empfängnis des Christus.

Mit der Taufe beginnt die embryonale Phase oder das irdische Leben Christi als Embryo.

2. *Das zweite Mysterium: Die embryonale Phase (von der Taufe im Jordan bis zum Tod Jesu Christi am Kreuz)*

Der Christus lebte nach der Taufe im Jordan drei Jahre lang im Körper von Jesus von Nazareth und formte diesen allmählich um, Zelle für Zelle. Diese Transformation wurde (wie wir bereits festgestellt haben) erst vollendet, als Jesus Christus am Kreuz hing.

3. *Das dritte Mysterium: Die Geburt Christi auf Erden*

Als Jesus Christus am Kreuz starb, wurde der Christus auf Erden geboren. Daher heißt es von Jesus Christus, dass er, als er am Kreuz im Sterben hing, den Geist aushauchte und verschied: »Jesus ... und hauchte den Geist aus.«[42] Dann erst begann das irdische Leben des Christus. Dann erst war der lange, lange Weg zur Erde hinab vollendet. Ein Weg, den der Christus, aus irdischer Sicht betrachtet, schon Tausende und Abertausende von Jahren vorher eingeschlagen hatte, als er als »der Logos« oder »das Wort« aus den höchsten Höhen zur Sonne hinabstieg.

Johannes beschreibt in seinem Evangelium den Urbeginn all dieser großen Mysterien, als der Christus, als das Wort, noch eins war mit Gott – ja, selbst ein Gott war: »Am Anfang war das Wort, und das Wort war bei Gott, und Gott war das Wort.«[43] Von dort stieg er zur Sonne hinab und verband sich dort mit einem Erzengel der Sonne. Anders formuliert: Auf der Sonne hüllte er sich in das Wesen eines Erzengels, um auf diese Weise zum Sonnengeist werden zu können. Viel später stieg er dann als der Sonnengeist auf die Erde hinab, wo er zum Christus, dem Gesalbten, wurde.

Der große Eingeweihte Zarathustra beschrieb etwa um 5.000 v. Chr., wie er hellsehend wahrnahm, dass der Sonnengeist die Sonne inzwischen verlassen hatte und auf dem Weg zur Erde war. Dort wurde dann der Christus auf Erden geboren, als Jesus Christus am Kreuz starb. Endlich war der lange Weg der Transformation des allerhöchsten göttlichen Wesens zu einem irdischen Wesen vollendet. Eben dieses Geheimnis wird immer mit den Worten »das Mysterium von Golgatha« angedeutet.

4. *Das vierte Mysterium: Das Erdenleben Christi*

Vierzig Tage lang erschien der auferstandene Christus nach der Auferstehung seinen Jüngern. Währenddessen legte er ihnen all die Geheimnisse aus, die sie jedoch nicht hatten begreifen können. Das heißt: Er erklärte ihnen die Geheimnisse über sich selbst, insbesondere darüber, wie der Christus sich im Menschen Jesus von Nazareth verkörpert hatte. Er legte ihnen aus, wie diese beiden langsam eins geworden waren. Er erklärte ihnen auch, was im Garten von Gethsemane geschehen war, als seine Schweißperlen zu Blutstropfen wurden und sie, seine Jünger, schliefen und nicht begriffen, was ihr geliebter Meister innerlich durchlebte.

All diese vierzig Tage lang lauschten die Jünger intensiv, mit ihrem ganzen Herzen, seinen Worten. Durch das Leiden und Sterben ihres Meisters waren sie geschockt und bis ins Mark gerührt. Sie hatten ihren Halt verloren. Doch dadurch konnten sie nun viel aufmerksamer zuhören, weil nichts mehr selbstverständlich war. Ihr Herz und ihre Seele waren vollkommen offen, weil die Mauern um beide gefallen waren.

5. *Das fünfte Mysterium: Die Himmelfahrt*

Nach vierzig Tagen brach jener so besondere Tag an, der den Namen »Himmelfahrt« erhielt. Während all dieser vierzig Tage (nach der Auferstehung) waren die Jünger im Ordenshaus der Essener in Jerusalem zu Hause geblieben, im Cenaculum, wo sie kurz zuvor noch mit Jesus Christus das letzte Abendmahl gefeiert hatten. Am Morgen des vierzigsten Tages jedoch verließen sie das Cenaculum und zogen hinauf auf den Ölberg, an der gegenüberliegenden Seite des Kidrontals. Sie gingen nicht allein: Ungefähr fünfhundert Essener, die in den letzten Tagen nach Jerusalem gekommen waren, begleiteten sie auf dem Weg hinauf auf den Ölberg, wo Jesus Christus seine Jünger so oft in geheimen (esoterischen) Lehren unterrichtet hatte.

Dort oben auf dem Berg erschien ihnen allen der auferstandene Christus. Nachdem er seine letzten, so eindringlichen Worte an sie gerichtet hatte, sahen die Jünger, wie der Christus sich in die Lüfte erhob und aufstieg.[44] Zugleich sahen sie, wie sein Körper sich ausweitete, größer und größer wurde und in die ätherische Welt ausströmte, die die Erde wie eine Hülle umgibt. Das bedeutete, dass seine heiligen, göttlichen Christus-Energien in die ätherische Welt ausströmten und darin langsam wirksam wurden.

Wichtig ist vor allem, das Folgende zu verstehen, sonst sind wir nicht imstande, das Pfingstfest zu begreifen: Bei seiner Himmelfahrt blieb der Christus nahe bei der Erde und verband sich mit der geistigen Erdatmosphäre. Die ätherische Welt ist nämlich die geistige Atmosphäre voller Lebenskräfte, die die Erde am Leben erhält und umhüllt. Daher konnte Emil Bock über die Himmelfahrt schreiben: »Christus wurde zum ›Herrn der Himmelskräfte auf Erden‹, das ist der Sinn von Himmelfahrt.«[45]

Die Himmelfahrt bedeutet folglich eine noch tiefere, noch intensivere Verbindung mit der Erde. Prokofieff sagt, dass der Christus bei der Himmelfahrt das Devachan (die höhere Lichtwelt) auf die Erde gebracht hat. Er zitiert dabei die Worte von Rudolf Steiner: »Und anstatt in ein Devachan, anstatt in ein geistiges Gebiet zu kommen, wie der Mensch nach dem Tode, brachte die Christus-Wesenheit das Opfer, ihren Himmel gleichsam auf der Erde aufzuschlagen, auf der Erde zu suchen.«[46]

So gesehen, dürfen wir die Himmelfahrt auch »das Sterben« oder »den Tod Christi« nennen. Mit der Himmelfahrt ging sein irdisches Leben zu Ende. So, wie der Ätherleib eines Menschen nach dessen Tod in die ätherische Welt hinausströmt, strömte nun der Auferstehungsleib Christi in die ätherische Welt hinaus. Doch ein Mensch, der gestorben ist, reist danach weiter, während der Christus sich hingegen noch intensiver mit der Erde und den Menschen verbunden hat.

6. Das sechste Mysterium: Das Pfingstfest

Zehn Tage später brach das Pfingstfest an. Die Zehn ist das Symbol der Fülle. Das bedeutet, dass am Pfingstfest der Moment anbrach, in dem der Geist – dank der Christus-Energien, die nun bereits zehn Tage lang kräftig auf die ätherische Welt und folglich auch auf die Ätherleiber der Jünger eingewirkt hatten – den Jüngern eine alles entscheidende Transformation schenken konnte. Das überkam sie als Erste, weil sie natürlich als seine Schüler für die Christus-Energien mit Abstand am offensten waren.

In der Bibel wird berichtet, wie aus dem Himmel (= aus der ätherischen Welt) heilige Energien auf sie niederströmten und sie einhüllten.[47] Es sind geistige Kräfte, die die Jünger in Sekundenschnelle transformierten: Sie wurden zu Wissenden. Sie verspürten eine höhere Form der Liebe in sich aufsteigen und verstanden plötzlich, ohne Worte, was denn nun eigentlich im anderen lebte. Auch war es so, als würden sie nun endlich – dank einer blitzartigen, tiefen Erkenntnis – all

128

das begreifen, was der Christus ihnen in den vorangegangenen vierzig Tagen erklärt hatte. Sie begriffen die Christus-Mysterien nun mit ganzem Herzen und ganzer Seele.

Was sie an jenem Pfingstfest überkam, war im Grunde eine Einweihung, eine hohe Einweihung, die mit dem vergleichbar ist, was in vorchristlicher Zeit als »die sechste Einweihung« bezeichnet wurde.[48] Bei dieser Einweihung lösten die Priester das »Ich« (den Geist), den Astralkörper (die Seele) und den Ätherleib (den Lebensleib) des Einzuweihenden von seinem physischen Körper. Dadurch konnte der Einzuweihende in die hohe Sphäre der (geistigen) Sonne aufsteigen, um dort Einblick in die großen Geheimnisse des Lebens zu erhalten.

Drei Tage lang blieb der/die Betreffende in dieser Sphäre. Er lebte zusammen mit den geistigen Wesen in jener Welt und erhielt von ihnen Einblick in die großen Geheimnisse von Leben und Tod. Nach drei Tagen wurde er von den Priestern, die bei seinem physischen Körper wachten, zur Erde zurückgeholt und wieder mit seinem physischen Leib verbunden. Doch als er zurückkehrte, war er ein anderer Mensch geworden, ein Wissender. Daher erhielt er nach dieser Einweihung auch einen neuen Namen.

Es gab in der vorchristlichen Zeit keinen anderen Weg, um ein Wissender zu werden, in dem der höhere Geist der Liebe erwachte, als diese dreitägige Einweihung und Astralreise. Doch nun, mit dem Pfingstfest, empfingen die Jünger im Grunde die gleiche Einweihung, jedoch ohne dass sie ihren physischen Körper drei Tage lang verlassen mussten. Wie war das möglich? Das war möglich geworden, weil die Christus-Energien in der ätherischen Sphäre der Erde wirksam geworden waren und zehn Tage lang so stark auf sie eingewirkt hatten, dass der Heilige Geist sie dadurch zu Wissenden umwandeln konnte, in welchen eine höhere Liebeskraft wirksam wurde.

Sergej Prokofieff fasst es wie folgt zusammen: Er sagt, dass der Christus seine hohen Sonnenkräfte in die ätherische Welt ausgesandt hat, so dass der Mensch nicht mehr seinen Körper verlassen musste, um in die geistige Sphäre der Sonne aufzusteigen und dort zu einem Wissenden transformiert zu werden. Der gleiche Prozess, so sagt er, sei nun für all die, die sich innerlich mit dem Christus und seinen heiligen Energien verbinden wollen, auch auf Erden möglich. Das ist also das Pfingstfest: Das Geschenk der sechsten Einweihung, die auch für uns möglich wird und uns zu Wissenden transformiert, wenn wir so, wie die Jünger Jesu, ebenfalls zu Schülern Christi werden möchten.

7. *Das siebte Mysterium: Die Wiederkehr*

Das siebte Mysterium Christi wurde über die Jahrhunderte hinweg mit dem Begriff die »Wiederkunft Christi« angedeutet. Dieses Mysterium wurde auch »Die zweite Offenbarung Michaels über Christus« genannt. Darüber berichte ich in einem späteren Kapitel.

Die erste Offenbarung Michaels über Christus

Die sieben oben dargelegen Mysterien bilden zusammen »die erste Offenbarung Michaels über Christus«. Sie zeigen, was Johannes damit meinte, als er in seinem Evangelium schrieb: »Und das Wort ward Fleisch (= Mensch) und wohnte unter uns, und wir sahen seine Herrlichkeit.«[49] Oder: »Die erste Offenbarung Michaels über den Christus« zeigt, wie der Logos, das Wort – und folglich Gott selbst – aus den höchsten Höhen zur Erde hinabstieg und zum Menschen wurde. Die Tatsache, dass wir nun imstande sind, diese Mysterien auf neue Art und Weise in Worte zu fassen und zu verstehen – auch wenn es natürlich einiges an Geduld, Meditation und gedanklicher Anstrengung erfordern mag, um uns diese anzueignen – verdanken wir dem großen Erzengel Michael. Er hat uns das Geschenk einer höheren Form des Denkens gemacht, wodurch wir hierzu in die Lage versetzt worden sind.

Auch hat er bereits vor diesem irdischen Leben viele Menschen in der Geistigen Welt auf das heutige Erdenleben vorbereitet, so dass wir imstande sind, uns in diesem Leben diese Geheimnisse zu eigen zu machen. Daher erzähle ich in den folgenden Kapiteln etwas mehr über das Geschenk des höheren Denkens und über die himmlischen Konferenzen, in denen Michael uns auf unser aktuelles irdisches Leben vorbereitet hat.

Du, Michael, mein Halt

Du, Michael, bist hinabgestiegen zur Erde,
Du stehst oft neben mir und bist lediglich
durch einen dünnen Schleier von mir getrennt.

Du bist es, der mich jeden Tag aufs Neue inspiriert.
Du bist es, der mir in der Stille, unbemerkt, geistige
Führung schenkst. Michael – ich danke Dir dafür.

Du forderst von mir, dass ich lernen soll,
mit meinem Herzen zu denken,
so dass mein Denken durchstrahlt
wird von Staunen, Wärme und Liebe.

Denn nur so, das sagst Du mir immer wieder,
kann der Christus in meinem Herzen geboren werden.

Du, Michael, bringst mir vor allem bei, den Christus
zu entdecken – in der Stille meines eigenen Herzens.
Michael, ich liebe dich, du bist mein Halt.

13.

DIE KOSMISCHE WEISHEIT STEIGT HERAB

Vorbemerkung

In diesem – und im folgenden – Kapitel geht es um unser Denkvermögen und damit um die Art und Weise, wie wir über das Leben und den Sinn unseres Daseins nachdenken. Doch es geht auch um die Art und Weise, wie wir mit unserem Denken das irdische Leben erobern und ihm Form geben und wie wir aufgrund unseres Denkens mit der Erde umgehen. Das ist kein einfaches Thema. Wem dieses Thema neu ist, dem wird es sicherlich viel Zeit und Meditation kosten, sich diese Erkenntnisse zu eigen zu machen. Aber es ist ein wichtiges Thema: Wer etwas über Michael und sein Wirken erfahren möchte, kommt an diesem Thema nicht vorbei.

Es ist jedoch auch ein Thema, das tiefes Staunen über die unvorstellbar große Fürsorglichkeit und Liebe hervorruft, womit die geistigen Wesen – insbesondere auch Michael – unsere Entwicklung als Menschen lenken. Wer dieses Staunen in sich aufkeimen spürt, kann das Schwarze, Dunkle des alltäglichen irdischen Lebens besser ertragen. Es ist, als würde durch dieses Staunen etwas anderes aufzuleuchten beginnen, – als würde unser Staunen die Liebe der Geistigen Welt spürbar machen, die hinter dem vielen Dunklen verborgen liegt.

Der Sonnengeist steigt herab

Weiter oben habe ich bereits erwähnt, dass der große Eingeweihte Zarathustra um das Jahr 5000 v. Chr. herum wahrnahm, dass der Sonnengeist die Atmosphäre der Sonne verlassen hatte und auf dem Weg zur Erde war. Zarathustra nahm dieses große Ereignis prophetisch von der Erde aus wahr. Diese Wahrnehmung beeindruckte ihn tief und bestimmte seine Sichtweise des Lebens: Wenn der Sonnengeist selbst zur Erde hinabsteigt, um sich mit der Erde zu verbinden, dann muss auch der Mensch lernen, das Erdenleben ernst zu nehmen und sich nicht nur beständig mit einem Gefühl des Heimwehs in die Geistige Welt zurücksehnen.

Michael hingegen, der leitende Erzengel der Sonne, nahm dieses kosmische Schauspiel – das Herabsteigen des Sonnengeistes – von der Sonne aus wahr. Als der Sonnengeist, der später auf Erden Christus genannt werden sollte, ganz allmählich begann, von der Sonne in Richtung Erde hinabzusteigen, um dort letztendlich im Menschen Jesus von Nazareth zu inkarnieren, blieben Michael und die Seinen in der geistigen Sonnensphäre zurück. Mit tiefem Staunen nahmen sie wahr, wie mit dem Sonnengeist auch die Essenz des Sonnenlichts sich mit auf die Erde senkte.

Von der Sonne auf die Erde

Doch wer waren nun eigentlich diejenigen, die Michael auf der Sonne umringten und diese so beeindruckende Erfahrung mit ihm teilten? Es waren sowohl die Engel, die mit Michael verbunden waren, als auch die Menschen (besser gesagt die Individualitäten, denn zum Menschen wird man ja erst auf Erden), die mit ihm in Verbindung standen und sich zwischen zwei irdischen Leben zu Michael auf die Sonne gesellten, um sich von ihm inspirieren zu lassen und seine Energie in sich aufzunehmen.

Sie nahmen bei der Abreise des Sonnengeistes etwas Besonderes wahr: Sie sahen, wie mit dem Aufbruch des Sonnengeistes das Zentrum des Sonnensystems äußerst langsam begann, sich von der Sonne Richtung Erde zu verschieben. Der Anblick dieses majestätischen, kosmischen Ereignisses machte deutlich, dass der Sonnengeist einst, in ferner Zukunft, der Geist der Erde werden würde. Das bedeutete, so spürten sie, dass die Erde einmal zur Sonne werden würde, zum zentralen Planeten unseres Sonnensystems. Es war eine unvorstellbar große Erkenntnis, die als prophetische Vision in ihm aufleuchtete.

Ein Gefühl von Verlust und Kummer

Um es mit normalen irdischen Worten auszudrücken: Diese beständige Entbehrung, dieses kosmische Geschehen, das Michael und die Seinen mit dem Aufbruch des Sonnengeistes wahrnahmen, war so schwindelerregend groß, dass es ein

Gefühl tiefer Ehrfurcht und tiefen Respekts in ihnen hervorrief. Doch zugleich erfuhren sie den Aufbruch des Sonnengeistes auch mit einem Gefühl von Kummer und Verlust, so wie wir den Tod eines geliebten Menschen, der die Erde verlässt, als Verlust erleben. Es war, als würden das Licht und die Liebe, von der sie lebten, sie verlassen; denn für Michael und die Seinen war der Sonnengeist ihre Liebe, ihr ein und alles.

Die Ohnmacht Michaels

Von der Sonne aus nahmen sie auch, viel später, das Mysterium von Golgatha wahr – das Leiden und Sterben Jesu Christi am Kreuz. Sie sahen, wie sich am Freitag, dem Tag, an dem Jesus Christus starb, der Himmel verdüsterte und die Erde verdunkelte. Sie nahmen wahr, wie die Erde sich dessen zutiefst bewusst war, was geschah – ein Gott, der am Kreuz starb – und wie sie, die Erde, schockiert mit einer Serie von Erdbeben reagierte, die tagelang andauerten. Das beeindruckte Michael und die Seinen tief, vor allem, weil sie begriffen, wie entscheidend dieses Mysterium für die ganze weitere Zukunft der Menschheit und der Erde war.

Während dieser so heftigen und ergreifenden Tage des Leidens und Sterbens Jesu Christi zeigten Michael und die Seinen ihre wahre Größe. Sie trugen – als Beobachter von der Sonne aus – die ganze Ohnmacht seiner Gottverlassenheit und seiner Einsamkeit in ihrem eigenen Wesen mit, ohne auch nur irgendetwas für ihn tun zu können. Sie trugen auch in Stille, völlig machtlos, das unglaubliche Ereignis seines

Todes mit, obwohl sie den Tod nicht kannten (die Individualitäten kannten ihn jedoch schon) und nicht genau wussten, was Sterben nun eigentlich sei, und was es eigentlich für ein Prozess war, durch den Jesus Christus hindurchging.

Doch wie groß war ihre Freude, als sie sahen, wie dort, am Kreuz, an jenem dunklen Tag, der Leichnam Jesu Christi direkt nach seinem Tod begann aufzuleuchten und zu strahlen, als würde eine Sonne am Kreuz hängen. Sie sahen, wie in jenem Licht der Christus auf Erden geboren wurde, als Jesus Christus starb: »Er hauchte den Geist aus.«

Da erst begannen sie, dieses Mysterium wirklich zu begreifen. Sie sahen, wie in jenem Moment die Erde von der Sonne den ersten Impuls bekam, einen Impuls, der sie später, in ferner, ferner Zukunft, zum zentralen Planeten unseres Sonnensystems machen würde; wenn wir Menschen uns für die Mysterien Christi und Michaels zumindest öffnen und an der Verwirklichung dieser bewusst und mit Liebe mitwirken würden. So wäre dies ein wichtiger Schritt; denn die Zukunft der Erde und der Menschheit wird immer mehr von unserem persönlichen Einsatz abhängen.

Die kosmische Weisheit kommt herab

In den Jahrhunderten, die auf das Mysterium von Golgatha folgten, begann auch die kosmische Sonnenweisheit, zur Erde zu strömen. Sie verließ die Sonne und machte sich auf den Weg zur Erde. Es war, als würde sie, von Christus selbst gerufen, diesem nachfolgen. Sie ging dabei denselben Weg, den der Sonnengeist, der Christus, einst gegangen war – so als würden seine Schritte noch auf dem Weg nachhallen, den sie nun entlang ging. So wurde sie, die kosmische Weisheit, sein Geschenk an die Menschheit, ein Geschenk, das es dem Menschen ermöglichte, ihre größte Berufung und Aufgabe – aus der Erde eine Sonne zu machen – zu verwirklichen.

Doch worum handelt es sich bei dieser kosmischen Weisheit eigentlich? Was ist mit diesem Begriff gemeint? Wenn wir über diese Fragen nachdenken, müssen wir zuerst begreifen, dass die kosmische Weisheit ein lebendiges Wesen ist – so wie alles andere, was wir in der Geistigen Welt antreffen, lebendig ist. Die kosmische Weisheit war ein Wesen, das bereits Tausende und Abertausende von Jahren lang von Michael behütet und versorgt wurde und eng mit ihm verbunden war. Daher war ihr Aufbruch, mit dem sie sich von Michael trennte und ihm entrissen wurde, ein zweiter tiefgreifender Verlust für ihn.

Die kosmische Weisheit ist für uns Menschen, die auf Erden leben und irdisch denken, nur schwer zu begreifen, vor allem, weil die Geistige Welt so anders ist als das irdische Leben. Sie wird in der esoterischen Literatur mit unterschiedlichen Begriffen angedeutet: »Göttliche Weisheit«, »göttliche Intelligenz«, »kosmische Intelligenz« oder »michaelische Intelligenz«. Sie ist für uns äußerst wichtig, weil sie den Ursprung unseres irdischen Denkens bildet. Hätten wir sie nicht als Geschenk erhalten, wären wir auch nicht imstande, aus uns selbst heraus zu denken. Unsere menschlichen Fähigkeiten – also auch das Denkvermögen, das wir Schritt für Schritt, Leben nach Leben entwickeln – sind nicht einfach so entstanden, sondern finden ihren Ursprung in Geschenken, die wir aus der Geistigen Welt empfangen haben und noch immer empfangen. So findet unser Denken seinen Ursprung im Geschenk der kosmischen Weisheit.

Wie wir festgestellt haben, war es Michael, der die kosmische Intelligenz jahrtausendelang verwaltete, pflegte und in seiner Obhut hatte. Einst hatte er die Fürsorge für diese Weisheit aus den Händen von Sophia empfangen. Sophia ist eine der Gestalten (oder Formen), in welcher der Heilige Geist erscheint. Aus ihrem Wesen war diese Weisheit entsprungen. Sophia hatte Michael die Fürsorge für 'ihre' Weisheit anvertraut, weil Michael für sie so etwas wie ein Sohn war – so intim war ihr Verhältnis. So kam es, dass Michael jahrtausendelang die Fürsorge für die kosmische Weisheit innehatte.[50]

Die kosmische Weisheit blickt nicht mehr länger zurück

Als sie begann, auf die Erde hinabzusteigen, Christus folgend, musste Michael sie loslassen. Das geschah allerdings nicht abrupt: Die kosmische Weisheit löste sich äußerst langsam und ganz allmählich von Michael. Bei ihrem Abstieg begann sie zunächst, aus der Ferne inspirierend auf die Menschen einzuwirken. Diese erlebten ihre Wirkung in Form inspirierender Gedanken. Doch noch immer blieb eine Verbindung zu Michael bestehen. Erst im 15. Jahrhundert, als die kosmische Weisheit (beispielsweise) nicht mehr auf die Welt, die sie hinter sich ließ, zurückblickte, sondern begann, sich voll und ganz auf die Erde und die Menschheit auszurichten, musste Michael sie definitiv und vollkommen loslassen.

Natürlich machte er sich, da er ja ein guter Vater war, große Sorgen: Wie würde es der kosmischen Weisheit wohl ergehen? Würde sie, einmal auf der Erde angekommen, sie selbst bleiben können oder würde sie dort ihr lichtvolles Wesen verlieren? Und wie würden die Menschen auf Erden mit ihr umgehen? Würden sie ihr Wesen respektieren oder ihr aus Unverständnis heraus Gewalt antun?

14.

DER MENSCH BEGINNT, SELBST ZU DENKEN

Was versteht man unter der kosmischen Intelligenz?

Was beinhaltet die kosmische Intelligenz, aus der unser irdisches Denken entsprungen ist, in ihrem Wesenskern? Sie ist aus den *wechselseitigen Verhaltensregeln der höheren Engel-Hierarchien* oder aus der Art und Weise entstanden, wie die höheren Engel voller Liebe, mit Verstand und großem Respekt miteinander umgehen.[51] Die niederen Engelwesen übernehmen die Umgangsformen der höheren Engel (der Seraphim, der Cherubim und der Throne). Das bedeutet, dass die kosmische Intelligenz Folgendes umfasst: *Was die Engel einander schenken, wie sie einander ihre Erkenntnisse erklären und wie sie gemeinsam wirken und handeln.* Anders formuliert: Die kosmische Weisheit besteht aus der gegenseitigen *Verbundenheit der Engel, aus ihrer Fürsorge und ihrem Respekt füreinander sowie aus dem Verantwortungsgefühl, das sie füreinander haben.*[52] Die Art und Weise, wie ich mich an eine Beschreibung der kosmischen Weisheit heranzutasten versuche, zeigt bereits, wie schwierig es ist, ein gewisses Gefühl dafür zu bekommen, was sie denn nun eigentlich beinhaltet.

Sonaten und kleine Sinfonien

Die kosmische Intelligenz drückt sich (auch) in Klängen aus: Sie erklingt als Musik, die zwischen den Engeln hin und her wogt. Die Engel schicken einander Botschaften in Form von Sonaten und/oder kleinen Sinfonien zu. Diese erklingen von einem Engel zum anderen. Als Antwort schicken die Engel, die eine Botschaft empfangen haben, eine Sonate oder eine kleine Sinfonie zurück. So setzt sich das fort, durch den ganzen Kosmos herum: Überall erklingt harmonische Sphärenmusik. Rudolf Steiner sagte über Komponisten wie Mozart, Bach und Beethoven, dass sie beim Komponieren ihrer Musik Sphärenmusik gehört haben. Das war möglich, weil manche Menschen früher noch über eine gewisse geistige Empfänglichkeit und Unbefangenheit verfügten, wodurch sie imstande waren, diese Sphärenmusik aufzunehmen.[53]

Die kosmische Intelligenz ist folglich bestimmt kein kühles, rein verstandesmäßiges Denken, wie wir dies auf Erden kennen, sondern eine Ur-Weisheit, eine kosmische Weisheit, voller Schöpferkraft, Harmonie, Schönheit, Wärme und Liebe. Sie wird, wie bereits erwähnt, auch als »michaelische Intelligenz« bezeichnet, weil sie von ihm behütet und gelenkt wird. Nach einem langen, sehr langen Weg des Abstiegs und der Transformation ist aus dieser kosmischen Weisheit schließlich und endlich unser menschliches Denken entsprungen.

Die kosmische Intelligenz
ist eine Sonnen-Intelligenz

Es liegt auf der Hand, dass zwischen unserem irdischen Denken und Michael eine starke Verbindung besteht: Michael war ja derjenige, der durch alle Zeiten hindurch die kosmische Intelligenz verwaltet hat, aus der unser irdisches Denken letztendlich entsprungen ist. Er war es auch, der die kosmische Weisheit loslassen musste, als sie zur Erde hinabstieg und Christus auf den Fuß folgte. Die Tatsache, dass Michael sie losließ, wird sogar als Opfer bezeichnet, das er erbracht hat.[54] Doch Michael hatte die Kraft empfangen, solche Opfer zu bringen, als er von der Sonne aus das Opfer beobachtete, das Christus erbrachte: Das Mysterium von Golgatha. So tief und so intensiv wirkte jenes Mysterium in ihm.

Der Umstand, dass er zweimal selbst ein Opfer erbrachte – sowohl als der Sonnengeist die Sonne verließ als auch in dem Moment, als die kosmische Intelligenz sich auf den Weg zur Erde begab und er selbst auf der Sonne zurückblieb – machte ihn zu einem schweigsamen, zurückhaltenden Engel, der von vielen bis heute als streng wahrgenommen wird.[55] Ich denke, dass wir (in aller Bescheidenheit und Zurückhaltung) behaupten dürfen, dass Michael durch das Miterleben jener beiden Opfer gezeichnet ist, die er selbst erbracht hat, sowie durch das Mitansehen des Opfers, das der Christus auf Golgatha vollbrachte.

Auch ist es so, dass Michael durch das Miterleben des Mysteriums von Golgatha – und damit durch das Mitfühlen des großen Opfers, das der Christus erbracht hatte – allmählich zum Antlitz Christi wurde. Seine Aufgabe und Mission veränderten sich. Bis zum Mysterium von Golgatha war er das Antlitz Gottes, wie die Bedeutung seines Namens lautet. Dieser Name zeigt, welches seine ursprüngliche Mission zu den Zeiten war, als er noch der Volksengel der jüdischen Gemeinde war: Mittler – oder Antlitz Gottes – zwischen Gott und dem jüdischen Volk zu sein. Doch nach dem Mysterium von Golgatha wurde er dieser Aufgabe enthoben und zum Herold und Wegbereiter Christi – und somit zum Antlitz Christi.

Noch immer fühlt sich Michael – auch in unserer heutigen Zeit – verantwortlich für das, was wir Menschen mit »seiner« Intelligenz tun, und folglich auch dafür, was wir mit dem irdischen Denken tun. Das wird umso begreiflicher, wenn wir erkennen, dass die kosmische Intelligenz, die dem Menschen geschenkt wurde, eine Sonnen-Intelligenz war, die aus der Sonnenatmosphäre entstammt und daher eng mit dem Christus, dem Sonnengeist, verbunden ist. Neben der Sonnen-Intelligenz gibt es auch andere, planetarische Intelligenzen, die anders sind als die Sonnen-Intelligenz und die, wie der Name schon sagt, auf den verschiedenen Planeten, die die Sonne umgeben, zum Einsatz kommen. Diese unterschiedlichen planetarischen Intelligenzen werden jeweils von dem Erzengel regiert, der mit einem spezifischen Planeten verbunden ist. Doch über diesen Erzengeln steht Michael, der diese verschiedenen Intelligenzen verbindet und zu einer Einheit transformiert, so dass die Gegensätze überwunden werden. Er verfügt über die Fähigkeit dazu deswegen, weil er der führende Erzengel der Sonne, und die Sonne die lenkende Kraft unseres Sonnensystems ist.

Die kosmische Weisheit
wird zum menschlichen Denken

Die kosmische Weisheit, die auf die Erde hinabstieg, wurde von Rudolf Steiner als »ein Himmelsgeschenk« für den Menschen bezeichnet. Im 8. Jahrhundert erreichten die ersten Strahlen dieser Weisheit die Zone der Erde.[56] Die ersten Wellen der kosmischen Intelligenz begannen also in jener Zeit auf die Menschen einzuwirken. Es heißt, dass die kosmische Weisheit als himmlischer Regen auf die Erde niederkam: »Als heiliger Regen tropft diese Intelligenz nun herab und kann seit dem achten, neunten Jahrhundert in zunehmendem Maße von den Menschen aufgenommen werden.«[57]

Michael und die Seinen schauten dabei von der Sonne aus voller Spannung zu, denn sie wussten: Nun wird sich diese Intelligenz dort, auf der Erde, auf eine ganz eigene Weise entwickeln und entfalten. Doch wird sie dabei ihr tiefstes Wesen – und folglich ihre Schöpferkraft, Schönheit und Harmonie – auch nicht verlieren? Gespannt schauten sie zu und verfolgten Schritt für Schritt, was mit der kosmischen Intelligenz geschah und wie sie ganz allmählich zu einer irdischen Intelligenz wurde.

Ab dem achten Jahrhundert konnte der Mensch sich dank dieses Himmelsgeschenks Stück für Stück einen ersten Anfang eines selbstständigen Denkens erwerben: Die ersten »Freien Denker« traten an die Öffentlichkeit. Sie waren nicht mehr länger Menschen, in die nur hineingedacht wurde oder in die nur Gedanken von und durch Engel niedergelegt wurden. Die Menschen, die vor ihnen gelebt hatten, waren inspirierte »Gedanken-Inhaber«. Doch nun (ab dem achten

Jahrhundert) gab es einige, die nicht nur inspiriert wurden, sondern darüber hinaus auch begannen, eigene Gedanken zu entwickeln, die aus ihnen selbst heraus entsprangen. So wurden sie zu den ersten Schöpfern ihrer eigenen Gedanken, und so begannen sie auch, sich so zu fühlen – als »Freie Denker«.

Der Mensch beginnt, selbst zu denken!

Das war schon eine besondere Entdeckung für den Menschen: Zum ersten Mal in der gesamten Geschichte der Menschheit begann er, selbst Gedanken zu entwickeln. Auch für die geistigen Wesen, die eng mit dem Menschen verbunden sind und seine Entwicklung lenken, war das ein großer Moment. Im Kosmos erschallte der erfreute Ruf: »Der Mensch beginn, selbst zu denken!« Im Kreise der Erzengel in der Sonnensphäre erschallte sogar der mächtige Ausruf Michaels, der zugleich auch ein Aufruf war: »Was die Stärke meines Reiches ausmachte, was von mir regiert wird, ist hier nicht mehr – es muss dort unten auf Erden weiter strömen, wogen und pulsieren!«

Dieses große Ereignis hatte allerdings auch eine Kehrseite: In dem Maße, wie der Mensch begann, eigene Gedanken zu entwickeln, zogen sich die Engel allmählich zurück und legten immer seltener inspirierende Gedanken im Menschen nieder. Das taten sie, um dem Menschen die Möglichkeit zu geben, sein eigenes Denken zu entwickeln.

Die Tatsache, dass der Abzug der kosmischen Intelligenz auch wirklich ein Verlust für die Sonne war, wird aus einer Bemerkung Rudolf Steiners deutlich. Er erklärte, dass die

Sonnenflecken, die periodisch auf der Sonne wahrgenommen wurden, immer deutlicher zu sehen sein werden. Früher waren es viel weniger, doch in Zukunft werden immer mehr Sonnenflecken zu sehen sein. Diese Entwicklung zeige – so sagte er – dass die Kraft der kosmischen Sonnen-Intelligenz auf der Sonne langsam abnehme (weil sie langsam auf die Erde übergehe).[58]

Vorbereitung auf die Bewusstseins-Seele

Seit dem achten Jahrhundert hat die kosmische Intelligenz auf Erden eine besondere Entwicklung durchgemacht. So wird berichtet, dass der Philosoph Scottus Eriugena einer der Ersten war, bei dem die Funken eines eigenen Denkvermögens begannen, sich in seiner Seele zu entfachen. Er war einer der ersten »Freidenker«. Eriugena stammte aus Irland, war jedoch Lehrer in Paris und lebte etwa von 810 bis 879.

Beeindruckend ist auch das Beispiel des berühmten Kalifen aus Bagdad: Harun al-Rashid (er lebte um 766 bis 809). Sein Hof wurde zum Weltzentrum der Kultur. Alles, was in jener Zeit im Orient an Weisheit, Kunst und Religiösem zu finden war, wurde dort gesammelt und praktiziert und erlebte eine gewaltige Hochblüte. Diese besondere Entwicklung war dem Impuls der kosmischen Intelligenz zu verdanken, die vor allem dort – wo bereits eine Basis von inspiriertem Denken in Form von Kunst, Religiosität und Weisheit bestand – auf die Menschen einzuwirken begann und ihnen ein eigenes Denkvermögen schenkte. Wenn wir bedenken, dass sein Zeitgenosse, Kaiser Karl der Große, nicht lesen und schreiben konnte, ist der Unterschied zwischen dessen Hof (in Aachen) und dem von Harun al-Rashid (in Bagdad) deutlich. In Bagdad wurde in jener Zeit eine Universität eingerichtet, eine Bibliothek gegründet und ein Übersetzungszentrum ins Leben gerufen. Dies war also die direkte Auswirkung dessen, was die kosmische Intelligenz im Menschen bewirkte. In Aachen – also im Reich von Karl dem Großen – gab es noch keine Basis, an die sich »der heilige Regen« der kosmischen Weisheit anschließen konnte.

15.
WIE DIE KOSMISCHE INTELLIGENZ ZU MENSCHLICHEM DENKEN WIRD

Der Engel denkt im Menschen

Als Zusammenfassung der beiden letzten Kapitel können wir feststellen, dass ab dem achten und neunten Jahrhundert die allerersten Impulse der kosmischen Intelligenz begannen, auf den Menschen einzuwirken. Dadurch wurde es möglich, ganz allmählich Gedankenblitze zu entwickeln.

Einer der ersten »Freidenker« war, wie wir festgestellt haben, Scottus Eriugena. Er stand gleichsam an der Schwelle zwischen zwei Welten. Hinter ihm lag die Zeit, in der die Menschen inspiriert wurden und folglich Gedanken empfingen. Vor ihm lag die Zeit, in der die Menschen immer mehr eigene Gedanken entwickeln sollten. Er war sich dieser Veränderung bewusst: Er erkannte, wie es immer gewesen war und wie es nun weitergehen sollte. Zurückblickend begriff er, dass es bisher immer ein Engel gewesen war, der im Menschen gedacht hatte. Er fasste diese Erkenntnis mit folgenden Worten zusammen: »Der Mensch hat zwar Verstand, aber wenn er denkt, denkt er eigentlich nicht selbst, sondern es ist der Engel in ihm, der denkt.«[59] Doch nun, so begriff er, stand er an der Schwelle zu der Zeit, in der die Engel sich zurückziehen und die Menschen ein eigenes Denken entwickeln würden.

Die Verbindung zur Geistigen Welt geht allmählich verloren

Als Folge des beginnenden Einflusses der kosmischen Intelligenz auf den Menschen geschah (wie ich im vorangegangenen Kapitel bereits erwähnt habe) ab dem achten Jahrhundert noch etwas anderes: Es war nicht nur so, dass der Mensch begann, eigene Gedanken zu entwickeln, sondern die Engel begannen zugleich, sich allmählich aus der Seele des Menschen zurückzuziehen. Dadurch legten sie immer seltener inspirierende Gedanken in diesen nieder. Diese Entwicklung zeichnete sich in den Jahrhunderten, die folgten, immer deutlicher ab: Je mehr die Menschen begannen, selbst zu denken, desto mehr zogen sich die Engel zurück – und mit den Engeln zog sich auch Michael (allmählich) zurück, denn er war es, der den Menschen mit Hilfe der kosmischen Weisheit seine Inspirationen und Eingebungen geschenkt hatte.

Das bedeutete natürlich auch, dass der Mensch die direkte innere Anbindung an die Geistige Welt zu verlieren begann. Es war eine Entwicklung, die sich äußerst langsam vollzog, wie das immer der Fall ist, wenn der Mensch sich neue Fähigkeiten aneignet. Diese Entwicklung führte letztendlich dazu, dass er nicht mehr über das Wissen verfügte, das er früher, als inspirierter Mensch, sehr wohl besaß. Nun musste er sein Wissen und seine Erkenntnisse aus seinem eigenen Denken schöpfen. Dadurch ging natürlich viel altes, inspiriertes Wissen verloren, beispielsweise das Wissen, wo der Ursprung dieser neuen menschlichen Fähigkeit, des Denkens, denn nun eigentlich lag (bei der kosmischen Weisheit, die Michael uns schenkte). So dürfen wir – um diese Entwicklung zusammenzufassen – Folgendes festhalten: Je mehr beim Menschen das Bewusstsein über den Ursprung des aufkeimenden Denkens verloren ging, desto mehr ging er in ein eigenes, selbstständiges Denken über.

Zwei Beispiele

Der Verlust dieser alten, lebendigen Verbindung zur Geistigen Welt (ab dem achten Jahrhundert) – also des inspirierten Denkens – wird in vielerlei Hinsicht deutlich. So beschloss man auf dem *Konzil von Konstantinopel im Jahr 869*, das jahrhundertealte Wissen über die Dreigliedrigkeit des Menschen – der Mensch besteht aus einem Körper, einer Seele und einem Geist, zur Ketzerei zu erklären. Das Konzil beschloss, dass der Mensch nur aus einem Körper und einer Seele bestehe – der Geist wurde gestrichen. Seitdem hat der Mensch das Verständnis für die Welt des Geistes (mit den der Mensch über seinen eigenen Geist ganz direkt verbunden ist) zum großen Teil verloren. Das rührt daher, weil unser aufkeimendes selbstständiges Denken (noch) nicht imstande war, die Welt des Geistes zu beweisen, und somit gab es diese gemäß einer wachsenden Anzahl von Menschen seit der Zeit jenes Konzils nicht mehr. Bis heute können wir feststellen, wie einschneidend *dieses Wegstreichen des Geistes* gewesen ist: Geistige Erfahrungen, wie etwa Engel-Erscheinungen oder das Erscheinen eines Verstorbenen, werden abgetan und als Phantasie oder Halluzination abgestempelt.

Ein weiteres Beispiel dafür, was der Impuls der kosmischen Intelligenz, die die Menschen zu Freidenkern machte, bewirkte, ist die Tatsache, dass zu jener Zeit zum ersten Mal der Begriff »Gottesbeweis« auftaucht. Die Existenz Gottes musste nun rational bewiesen werden, weil die Engel die Gewissheit über Gottes Existenz nicht mehr länger als gesichertes Wissen in der Seele des Menschen niederlegten. Insbesondere Anselm von Canterbury – ein italienischer Philosoph und Benediktinermönch, der von 1033 bis 1109 lebte – brachte dieses Thema mit Nachdruck zur Sprache.[60] Er betrachtete es als eine Herausforderung, zu versuchen, alles in der Welt mit dem Verstand zu erklären – »sola ratione«, einzig mit dem Verstand. Seine Methode, um die Existenz Gottes zu beweisen, wurde als »ontologischer Gottesbeweis« bezeichnet. Für Anselm stand es fest, dass Gott das »vollkommenste Wesen« ist. Er formulierte seinen Gottesbeweis folgendermaßen: Gott ist »so, dass man sich nichts Größeres als ihn vorstellen kann«. Für Anselm war diese Umschreibung Beweis genug für die Existenz Gottes. Später sagten andere natürlich, dass dieser Ausspruch von Anselm überhaupt kein schlüssiger Beweis sei. Doch darum geht es hier nicht. Dieser Versuch Anselms, zu einem Gottesbeweis zu kommen, zeigt, dass der Mensch zu jener Zeit begann, das ursprüngliche, inspirierte Wissen um die Existenz Gottes zu verlieren, und daher einen Beweis für die Existenz Gottes brauchte, der seinem eigenen Denken entsprang.

So entwickelte der Mensch sein Denken (oder seine eigene Intelligenz) immer weiter.

Das zweite Geschenk Christi:
Das Geschenk der Freiheit

Zusammen mit der kosmischen Weisheit stieg aus der Geistigen Welt noch ein weiteres Himmelsgeschenk auf die Erde nieder – das Geschenk der Freiheit. Je mehr der Mensch begann, ein eigenes, selbstständiges Denken zu entwickeln, desto freier wurde er. Die Engel zogen sich mehr und mehr zurück und respektierten die wachsende Freiheit des Menschen. Nur so würden sie sich nämlich zu freien, selbstständig denkenden Individuen entwickeln können. Sergej Prokofieff schrieb: »Ab dem Moment, ab dem der Mensch sicher sein kann, dass er seine Gedanken nicht mehr aus der Geistigen Welt empfängt, sondern selbst hervorbringt, dass er der selbstständige Schöpfer seiner eigenen Gedanken ist – ab diesem Moment kann er seine Freiheit vollkommen und bewusst ergreifen.«[61]

Freiheit und selbstständiges Denken sind somit auch untrennbar miteinander verbunden. Insbesondere ab der Epoche, die im Jahr 1413 begann (siehe unten), erhielt die Entwicklung des rationalen Denkens, und damit der Wunsch nach Freiheit, einen starken Impuls. Wer sich in die Geschichte der Menschheit vertieft, erkennt eine ganze Reihe von Ereignissen in der Vergangenheit, die deutlich machen, wie stark dieser Impuls zur Freiheit auf Erden seit jener Zeit darauf drängte, umgesetzt zu werden.

Michael verfolgt, wie wir gesehen haben, die Art und Weise, wie der Mensch mit »seinem« Geschenk, der kosmischen Intelligenz, umgeht, mit größter Aufmerksamkeit. Er weiß, dass der Mensch sich dank dieses Geschenks die Freiheit erwirbt. Er weiß auch, dass diese Freiheit für die weitere

Entwicklung des Menschen unerlässlich ist. Einst soll der Mensch nämlich in aller Freiheit mit den Engeln zusammenarbeiten. Einst soll er sich zu einem neuen kosmischen Wesen entwickeln, das im Kosmos im großen System der Engel-Hierarchien einen eigenen Platz einnehmen wird. Doch um diese Entwicklung zu ermöglichen, wird der Mensch sich neben der kosmischen Intelligenz auch die Freiheit aneignen müssen. Das bedeutet, dass er lernen muss, für sein Leben selbst verantwortlich zu sein (und nicht auf andere zu deuten, als hätten diese ihm alles angetan) und auch den anderen wirklich frei zu lassen und ihm Freiheit zu schenken.

Was mich persönlich tief berührt, ist die Erkenntnis, dass wir dieses Geschenk der Freiheit Christus zu verdanken haben. Er war es nämlich, der die kosmische Weisheit auf die Erde herabrief. Er war es, der uns damit ein eigenes Denken schenkte – und er war es, der uns mit diesem eigenen Denken unsere Freiheit ermöglicht hat. Den Impuls, der unsere Freiheit möglich macht, empfingen (und empfangen) wir aus seinen Händen!

Michael wartet darauf, dass wir ihn bitten

Doch das Geschenk der Freiheit stellte (und stellt) den Menschen auch vor eine neue Herausforderung: Wie soll er mit seiner Freiheit umgehen? In einer Haltung von Eigennutz, und folglich in einer egoistischen Haltung, oder in einer Haltung von Respekt, Liebe und Achtung vor dem anderen – und somit auf der Ebene des Höheren Selbst? Die meisten Menschen waren und sind sich der Tatsache nicht bewusst, dass sie frei entscheiden können, wie sie mit ihrer Freiheit umgehen. Diese Unwissenheit führt dazu, dass viele Menschen bis heute ihre Freiheit auf egoistische Art und Weise nutzen.

Michael hält inne: Er kann nur abwarten, was auf Erden geschieht, denn er respektiert die Freiheit des Menschen in jeder Hinsicht. Diese ist für ihn sogar so wichtig, dass er nicht eingreift, wenn auf der Erde etwas zu misslingen droht, sondern so lange wartet, bis der Mensch ihn um Hilfe ruft – selbst wenn er zusehen muss, wie sehr die Menschen diese Geschenke der kosmischen Intelligenz und der Freiheit auf egoistische Art und Weise zu missbrauchen beginnen.

Erst wenn der Mensch sich bewusst an ihn wendet und ihn um Hilfe bittet, schenkt er ihm seine großen michaelischen Kräfte, die ihm helfen, auf eine höhere, verantwortliche Art und Weise mit seiner Freiheit und seinem Denkvermögen umzugehen. Auch dieser Respekt vor der menschlichen Freiheit macht ihn zu einem schweigsamen, verschlossenen Engel, der als streng erlebt wird. Er wartet nämlich schweigend ab, bis der Mensch sich an ihn wendet, und muss dabei immer wieder sein Bedürfnis zügeln, einzugreifen.

Wie die kosmische Weisheit allmählich in ein menschliches Denken verwandelt wurde

Die kosmische Weisheit durchlief auf ihrem Weg von der Sonne zur Erde eine allmähliche Transformation. Diese Verwandlung verlief wie folgt:

Wir sahen, *wie die kosmische Weisheit einst von Michael verwaltet wurde* und aus den geistigen Kräften der Engel entsprang – den Kräften der Liebe, des Respekts, der Weisheit und der Harmonie. Die Engel wiederum hatten diese Fähigkeit von Sophia empfangen. Doch Michael musste diese Weisheit loslassen, damit sie, die kosmische Weisheit, Christus nachfolgen und als sein Geschenk an die Menschen weitergegeben werden konnte. Die kosmische Weisheit bestand in jener Phase allein aus hohen Engelskräften.

Das bedeutete, dass *die kosmische Weisheit aus lebendigen Wesen, aus geistigen Wesen, bestand*. Die Gedanken der Engel waren nämlich lebendige Wesen, warm, inspirierend, voller Liebe und Enthusiasmus.

Aber als die kosmische Weisheit zur Erde hinabstieg, *wurde sie zu einer beseelten Offenbarung*, die den Menschen ins Herz gelegt werden konnte.

Später, als die kosmische Weisheit weiter hinabgestiegen war, konnten die Menschen sie noch *als lebendige Wirklichkeit* erfahren: *Sie spürten, dass das, was in ihrem Herzen lebte, wahr war.*

Doch als die kosmische Weisheit noch weiter hinabstieg, *wurde sie an das Gehirn des Menschen gebunden* und verlor ihr lebendiges Wesen. Dann, endlich, war die kosmische Weisheit in ein *Verstandesdenken* verwandelt, die den Menschen dazu befähigte, ein eigenes Denken zu entwickeln.[62]

16.

DAS KOSMISCHE GEWITTER

Eine neue Epoche, ein neuer Impuls

Das Verhältnis des Menschen zu seinen Gedanken veränderte sich natürlich nicht von einem Tag auf den anderen, im Gegenteil. Die Entwicklung des eigenen Denkens bedeutete einen Umschwung und eine Veränderung, die viele Jahrhunderte in Anspruch nahm. Dieser Prozess begann, wie wir gesehen haben, im achten und neunten Jahrhundert, erhielt jedoch im 15. Jahrhundert einen wichtigen Impuls.

Im Jahr 1413 brach nämlich eine neue Zeit an – eine Epoche, die im Zeichen der Entwicklung *einer neuen Seelenfähigkeit* stand (und steht): Der Entwicklung *des Bewusstseins*, man kann auch von »Bewusstseinsseele« sprechen. Dieses neue Zeitalter wird bis 3573 dauern. Während dieser Zeit werden die meisten Menschen mehrmals inkarnieren. Dabei haben sie die Aufgabe, sich diese neue Seelenfähigkeit allmählich anzueignen. Es geht dabei um die dritte und höchste Seelenfähigkeit. Vorher hatte der Mensch bereits die »Wahrnehmungsseele« und die »Verstandesseele« empfangen. Der Mensch machte dadurch Erfahrungen (= Wahrnehmungsseele) und entwickelte das Denkvermögen. Nun musste der Mensch das dritte Glied seiner Seele entwickeln – seine »Bewusstseinsseele«.[63]

Bewusstsein zu entwickeln, und folglich sich seiner selbst, der Welt und der Menschen im eigenen Umfeld bewusst zu werden, bedeutet an erster Stelle, dass man lernt, sich selbst gleichsam mit ein wenig Abstand zu betrachten und über sich selbst nachzudenken, als wäre man ein Fremder. Dadurch beginnt man, sich dessen bewusst zu werden, wer man eigentlich ist. Wenn wir lernen, diese Fähigkeit zu beherrschen, können wir uns beispielsweise der Tatsache bewusst werden, dass wir dick sind und etwas dagegen tun müssen. Vielleicht werden wir uns auch dessen bewusst, dass wir zu Depression, Leichtsinnigkeit, Übertreibung oder anderem neigen, oder wir entdecken allmählich, dass wir lernen müssen, besser für uns selbst zu sorgen und unsere Grenzen deutlicher zu setzen.

Wenn man beginnt, sich diese Selbstbewusstwerdung anzueignen, bemerkt man irgendwann, dass man auch lernt, bei anderen hinter die Dinge zu blicken, und langsam beginnt, bei allem, was um einen herum und in der Welt geschieht, gleichsam hinter die Kulissen zu schauen. Man lernt zu verstehen, warum die Dinge so laufen, wie sie laufen. Dies ist der Prozess der Entwicklung unserer Bewusstseinsseele. Eben diese Fähigkeit lässt uns in der heutigen Zeit erkennen, was das esoterische Christentum uns zeigen möchte. Weil auch das esoterische Christentum uns auffordert, tiefer in die Mysterien Christi zu blicken, hinter die Oberfläche der Dinge.

Es dürfte klar sein, dass der Mensch, wenn er sich diese neue Fähigkeit aneignen möchte, über eigene Gedanken verfügen und lernen muss, selbstständig zu denken. Daher bedeutete der Anbruch des Zeitalters der Bewusstseinsseele im

15. Jahrhundert einen neuen Impuls für die Entwicklung des eigenen Denkens. Der Mensch benötigt das eigene Denken, um (Selbst-) Bewusstsein entwickeln zu können.

Ein kosmisches Gewitter

Michael und die Seinen beobachteten von der Sonne aus die Entwicklungen, die sich auf Erden vollzogen. Dabei nahmen sie zu Beginn des neuen Zeitalters der Bewusstseinsseele, also zu Beginn des 15. Jahrhunderts, etwas Besonderes wahr: *Ein heftiges kosmisches Gewitter*, das sich über die ganze Erde erstreckte. Es ging mit gigantischen kosmischen Blitzen und Donnerschlägen einher, die bis weit ins Weltall hinaus zu hören waren. Wohin Michael und die Seinen auch schauten – überall auf und um die Erde herum sahen sie, wie das geistige Gewitter und der rollende Donner die Erde in ihrem Griff hielten. Das Verwunderliche war, dass Michael und die Seinen gleichsam atemlos von der Sonne auf dieses gigantische kosmische Schauspiel herabschauten, dass die Menschen auf Erden sich jedoch überhaupt nicht bewusst waren, was in der geistigen Sphäre der Erde geschah.[64]

Wodurch wurde jenes Gewitter verursacht? Durch die allerhöchsten Engel (und zwar die Engel der ersten Hierarchien, die Seraphim, die Cherubim und die Throne), die in die irdischen Verhältnisse eingriffen – um der menschlichen Entwicklung einen notwendigen Impuls zu geben.[65] Sie verursachten dadurch eine derartige Veränderung im Wesen des Menschen, dass dieser von nun an mit dem Kopf (mit seinem Gehirn) denken konnte. Bis zu jenem Moment war der Mensch im Grunde noch ein Herzensmensch, und das Denken entsprang vor allem seinem Herzen. Doch nach dem kosmischen Gewitter wurde er zum Kopfmenschen. Das aufkeimende Denken konnte erst dann wirklich zu einem Kopfdenken – zu einem logischen, rationalen Denken – entwickelt werden.

Nur die höchsten Engel sind dazu imstande, einen solchen Eingriff mit kosmischen Ausmaßen zu vollziehen. Dank dieses Eingriffs konnte der Mensch die kosmische Weisheit von da an viel stärker, als es vor jener Zeit möglich war, in sich aufnehmen und sie mit seinem Verstand in ein irdisches Denken transformieren.

Michael und die Seinen begriffen – während sie von der Sonne aus zuschauten – dass die Entwicklung der kosmischen Weisheit zu einem menschlichen Denken hierdurch einen starken Impuls bekam, und sie wussten: Dies ist ein Ereignis, das so groß ist, dass Eingriffe wie dieser in der Geschichte der Menschheit nur äußerst selten vorkommen. Das letzte Mal geschah das in der atlantischen Zeit. Auch dadurch erkannten sie, wie bedeutend dieses Ereignis des kosmischen Gewitters war.[66]

So empfing der Mensch im 8. Jahrhundert zunächst die ersten Impulse, um zu einem eigenen, selbstständigen Denken zu gelangen. Danach, im 15. Jahrhundert, wurde die kosmische Weisheit an das Gehirn des Menschen gebunden und damit zu einem logischen, rationalen Denken. Ab dem 8. Jahrhundert waren es zunächst nur einige Wenige, welchen es gelang, ein eigenes Denken zu entwickeln. Doch nun, ab dem 15. Jahrhundert, wurde diese Fähigkeit in raschem Tempo zum Allgemeingut. Dadurch führte die Entwicklung dieses neuen, rationalen Denkens zu einer gewaltigen Entfaltung des menschlichen Lebens auf Erden. Damit war auch das Ende des Mittelalters gekommen – und eine neue Zeit brach an.

Michaelisches Denken oder ahrimanisches Denken

Die Kraft dieses neuen Impulses wurde an Personen wie dem Philosophen René Descartes sichtbar, der von 1596 bis 1650 lebte, einige Zeit nachdem das neue Zeitalter der Bewusstseinsseele (im Jahr 1413) angebrochen war und das *kosmische Gewitter* stattgefunden hatte. Er ist durch seinen Ausspruch: »Cogito, ergo sum« berühmt geworden, was bedeutet: »Ich denke, also bin ich.« Das Denken war zu seinem Maßstab geworden, um zu beurteilen, ob die alten, überlieferten Wahrheiten richtig waren oder nicht.[67] Wenn sein Denken diese alten Wahrheiten übernehmen konnte, akzeptierte er sie, ansonsten nicht.

Dieses Beispiel verdeutlicht, in welchem Maße sich die kosmische Weisheit zu jener Zeit bereits (im Menschen) zu einem selbstständigen, logischen Kopfdenken entwickelt hatte. Dadurch begannen die Menschen, das Gefühl einer (aufkeimenden) Freiheit zu erfahren und hatten den Drang, diese weiter zu entwickeln, gegen jeglichen Widerstand. Kennzeichnend für dieses neue Denken war:

1. Die Menschen merkten, dass sie *individuelle Gedanken* hatten (und nicht mehr ein Gruppendenken, das jeden durchdrang).

2. Sie begannen dadurch leider Gefahr zu laufen, dass

die Intelligenz, die sie entwickelten, in die Hände von Ahriman geraten und allmählich zu einem *rein* rationalen Denken werden konnte – kalt, eisig und lieblos. Ahriman kann nämlich hier auf Erden auf das Herz eines jeden Menschen einwirken, insbesondere auf das Herz der Menschen, die sich seiner nicht bewusst sind. Dadurch liefen (und laufen) sie Gefahr, dass Ahriman ihre Intelligenz zu einer einseitigen, eiskalten und toten Intelligenz umformt, die rein auf die Materie ausgerichtet ist.

Das bedeutet, dass das Los der kosmischen Weisheit der Kulturepoche, in der wir gerade leben (1413 – 3573) in die Hände der Menschen gelangt. Für welche Inspiration werden sie sich entscheiden? Für die von Michael oder für die von Ahriman? Die Menschen können sich (seit 1879) auch auf Michael ausrichten und ihn darum bitten, ihr Denken in ein lebendiges, warmes Herzensdenken zu verwandeln, in ein michaelisches Denken, so dass ihr Denken nicht (noch mehr) in die Hände Ahrimans fällt.

Zur Illustration hier ein Beispiel ahrimanischen Denkens aus unserer Zeit: Ein Vorstandsmitglied der niederländischen Stiftung »Skepsis« bezeichnete den Glauben an Reinkarnation, an Engel, an das Leben nach dem Tod und an die bleibende Verbindung mit unseren lieben Verstorbenen als genauso dumm wie den früheren Glauben, dass der Zug sich durch die Pfeife des Bahnhof-Vorstehers in Bewegung setzte (wie manche Menschen in der Zeit der Dampfeisenbahn dachten).

Michael möchte uns in der heutigen Zeit bei der Entscheidung helfen, auf welche Weise wir unser Denken weiter ent-

wickeln sollen. Daher hat er seine Regentschaft (von 1879
– 2229) sorgfältig vorbereitet, um in dieser Periode die Menschen dazu inspirieren zu können, die richtige Entscheidung
zu treffen. Als Vorbereitung auf diese kommende Regentschaft berief er im 15. Jahrhundert seine Scharen zu einem
Himmelskonzil ein, um ihnen die große Mission bewusst zu
machen, die ihnen übertragen werden würde, wenn sie später (auf Erden) ein neues irdisches Leben beginnen würden
– die Mission, das rationale Denken des Menschen während
seiner Regentschaft in ein lebendiges, warmes Herzensdenken zu transformieren.

Das Geschenk Michaels

Einst hütete Erzengel Michael die Kraft des Denkens. Er war
voll und ganz die Personifikation erhabener Gedanken, er war
voll und ganz Intelligenz, und was der Kosmos an Weisheit
kannte, lebte in ihm.

Mit seiner Weisheit wirkte er auf den gesamten Kosmos ein.
Beeindruckend und ehrfurchteinflößend war seine Ausstrah-
lung.

Als der Mensch im Laufe der Evolution so weit war,
dass er nun auch fähig wurde zu denken, legte Michael
seine Weisheit im Menschen nieder. Was ihm zu eigen war und
ihm gehörte, teilte er voller Liebe mit dem Menschen. Er in-
spirierte ihn und versetzte ihn in Feuer und Flamme für die
herzerwärmenden Bilder und Gedanken,

die er in ihm niederlegte: So lernte der Mensch nach-zu-denken.

Voller Ehrfurcht nahm der Mensch dieses große Geschenk in Empfang.
Seitdem spürte er: Es ist Michael, der durch mich hindurch denkt.
Es sind nicht meine eigenen Gedanken und meine eigenen Einsichten, die ich durch mich hindurchgehen spüre. Nein, es ist Michael, der mich unaufhörlich mit seiner Weisheit inspiriert und erfüllt.

Doch dann – es ist schon wieder einige Jahrhunderte her – zog Michael sich zurück.

Absichtlich, auf einen göttlichen Ratsbeschluss hin. Denn nun musste der Mensch zeigen, was er von Michael gelernt hatte. Nun musste er zeigen, dass er aus eigener Kraft denken konnte. So verlor der Mensch die direkte Verbindung zu Michael und entwickelte, auf sich selbst zurückgeworfen, ein irdisches, ein menschliches Denken.

Allmählich wurde das menschliche Denken freilich immer oberflächlicher, immer seelenloser, da es nicht mehr durchflutet wurde von der beseelenden Kraft Michaels und seiner Helfer. Es wurde materialistisch und vergaß alles, was es von Gott wusste.

Doch jetzt, in dieser so besonderen Zeit, steigt Michael bis auf die Erde hinab und wartet auf den, der ihn einlädt und in seinem Herzen zulässt.

Sobald jemand ihn in seinem Herzen empfangen und aufneh-
men möchte, erhebt er das irdische Denken dieses Menschen
zu einem geistigen, liebevollen Denken. Das tut er, indem er
dessen Denken aus dessen Kopf in dessen Herz lenkt und es
mit dessen Herzenskraft verbindet.

So bringt uns Michael heute bei, mit unserem Herzen zu den-
ken.

Michael ist unser geistiger Führer. Er erweckt unser Herz zum
Leben, indem er es mit dem Denken verbindet.
So macht er unser Herz zum Hüter unseres Denkens. Heißt
ihn daher voller Liebe willkommen und spürt, wie er das eis-
kalte Denken unseres Kopfes umwandelt in ein Denken mit
unserem Herzen, voller Liebe, Beseeltheit und Begeisterung.

Michael, sei willkommen, Du, auf den mein Herz schon so
lange wartet.

17.

DAS KONZIL MICHAELS
IN DER SONNENSPHÄRE

Ein besonderer Plan

Ab dem 15. Jahrhundert musste Michael die kosmische Weisheit voll und ganz loslassen. Durch das Eingreifen der höheren Engel war diese Weisheit während des kosmischen Gewitters an den Verstand des Menschen gebunden und damit völlig auf das Leben auf Erden ausgerichtet worden. Bis zu jenem Zeitpunkt hatte noch immer eine Verbindung zwischen Michael und der kosmischen Weisheit bestanden, vor allem auch, weil das aufkeimende Denken des Menschen noch ein Herzensdenken war und Michael mit dem Herzen des Menschen verbunden ist. Diese Herzensverbindung wurde freilich immer schwächer, je weiter die kosmische Weisheit herniederstieg.

Letztendlich ging im 15. Jahrhundert beim kosmischen Gewitter auch die letzte Verbindung zu Michael verloren, und die kosmische Weisheit auf Erden wurde zu einem logischen, rationalen Kopfdenken. Dadurch war Michael ab jenem Zeitpunkt definitiv seiner Aufgabe als Hüter der kosmischen Weisheit enthoben.

Zur gleichen Zeit trat Gabriel als Regent auf Erden auf: Er durfte die Menschen mit seinen geistigen Kräften inspirieren.

Seine Regentschaft sollte von 1510 bis 1879 dauern. Michael sollte erst nach der Regentschaft Gabriels, im Jahr 1879, wieder zur Herrschaft kommen und zum Inspirator der Menschen werden. Das bedeutete, dass Michael (um es einmal mit einfachen, menschlichen Worten zu formulieren) in jener Epoche »frei hatte« – er hatte in der Zeit zwischen dem 15. und 19. Jahrhundert keine spezifische Aufgabe. Wenn ich mir das aus menschlicher Sicht vorstelle, würde ich ohne der Größe von Michael irgendeinen Abbruch tun zu wollen, sagen, dass für einen tatkräftigen Erzengel wie Michael Nichtstun keine Option ist. Daher besann er sich auf die Tätigkeiten, die er in der Zeit aufnehmen konnte, bevor seine Regentschaft im Jahr 1879 beginnen würde. Dabei war seine große Liebe zu den Menschen auf Erden seine Motivation.

Ein bewusstes, reines, geistiges Herzensdenken

Nun wusste Michael, wie groß die Gefahr war, dass das aufkeimende selbstständige Denken des Menschen – das zu jener Zeit begann, mehr und mehr den Platz des alten, inspirierten, traumartigen Bewusstseins des Menschen einzunehmen – immer mehr in die Hände Ahrimans fallen und dadurch zu einem lieblosen, oberflächlichen, kalten, materialistischen Denken werden würde. Daran konnte er in jenem Zeitraum natürlich nichts ändern: Er musste es nämlich der Freiheit des Menschen selbst überlassen.

Da kam – in inniger Verbundenheit mit den hohen Engeln, die die Entwicklung der Menschheit lenkten – ein besonderer Plan in ihm auf. Er wusste, dass er erst während seiner eigenen Regentschaft den Menschen auf Erden einen positiven Impuls geben durfte, um ihr Denken zu einem michaelischen Denken zu transformieren und es nicht zu einem kalten, ahrimanischen Denken entarten zu lassen.

Der Plan, der jetzt, auch mit Hilfe der Inspiration der höheren Engel, in ihm reifte, war folgender: Er wollte nun in der Zwischenzeit »seine« Menschen, die bald, während seiner kommenden Regentschaft auf Erden, leben würden (also zwischen 1879 und 2300), schon vorab auf besondere Weise auf das Leben vorbereiten können.[68] Daher beschloss er, ihnen nun einstweilen schon einmal beizubringen, wie sie ihr selbstständiges, rationales Kopfdenken in ihrem nächsten irdischen Leben wieder zu einem Denken mit dem Herzen, einem Denken voller Liebe und Wärme, transformieren konnten – nur diesmal zu einem bewussten, reinen, geistigen Denken, und nicht zu dem verträumten Herzensdenken, wie das Denken des Menschen früher gewesen war.

Die Michael-Schule

Zur Verwirklichung seines Plans berief er zu Beginn des 15. Jahrhunderts all die Seinen ein. Es waren dabei nicht nur viele Engel anwesend, sondern auch die vielen Menschen, die eine Verbindung zu ihm entwickelt hatten und in jenem Moment nicht auf Erden lebten, sondern (zwischen zwei irdischen Leben) in der Geistigen Welt verweilten.[69] Letzteres war etwas ganz Besonderes. Normalerweise arbeiten die Verstorbenen – im Leben zwischen zwei irdischen Leben – an den Auswirkungen ihres Karmas auf das nächste Leben. Nun wurden sie dieser Arbeit enthoben, um bei der Himmelskonferenz Michaels anstelle in ihr eigenes Karma Einblick in das größere Ganze des Weltenkarmas zu bekommen. Das bedeutet, dass sie Einblick in eine ganze Reihe von karmischen Gesetzmäßigkeiten erhielten, die den Menschen bisher niemals zuvor enthüllt worden waren.[70] Allein schon daran können wir die besondere Bedeutung dieser Konferenz ein Stück weit ablesen. Rudolf Steiner hat einmal erwähnt, wie viele Individualitäten (oder Menschen) an dieser Himmelskonferenz ungefähr teilgenommen hatten – etwa sieben Millionen.[71]

Neben den Engeln, die aus verschiedenen Hierarchien stammten, und den vielen Menschen, die zu Michael starke, untrennbare Bande entwickelt hatten, waren auch zahllose Naturwesen anwesend. Die Elementarwesen oder Naturwesen warten nämlich voller Sehnsucht auf ihre Erlösung und Erweckung durch den Menschen. Sie spürten und (spüren), dass sie, wenn diese Hilfe nicht eintrifft, in die dunklen, zerstörerischen Energien Ahrimans verstrickt werden würden. Daher war (und ist) ihre Hoffnung ganz auf Michael konzentriert: Wenn er die Menschen aufweckt und sie zu einem neuen, michaelischen Denken inspiriert, wird auch für die Naturwesen eine neue Zukunft entstehen. Dann werden die Menschen erkennen, dass es zu ihrer Aufgabe gehört, auch den Naturwesen Erlösung zu bringen.[72]

Die Konferenz, die Michael einberief, wird auch »Michael-Schule« genannt. Diese Schule wird als übersinnliche Schule eingestuft, weil sie sich nicht auf Erden befand, sondern in der Geistigen Welt, und zwar in der Sonnensphäre, der Welt Michaels, die auch als »Sonnenreich« oder »Weltenherz« bezeichnet wird.

Es war eine einzigartige Heldentat, die Michael auf diese Weise vollbrachte, niemals zuvor war so etwas bisher geschehen. Alle, nicht nur die Individualitäten, die von Michael einberufen worden waren, waren von ihren »normalen« Tätigkeiten abberufen worden, um sich von Michael unterweisen zu lassen. In großer Zahl scharten sie sich um Michael. Er selbst würde nämlich bei dieser Konferenz der große Lehrer sein.

So begann im 15. Jahrhundert in der Sonnensphäre die Unterrichtung der Schüler Michaels, die auch »Michaeliten« genannt werden. Diese Schulung sollte bis weit ins 18. Jahrhundert hinein dauern. Natürlich gibt es in der Geistigen Welt keine Zeit. Doch dieser irdische, menschliche Hinweis darauf, dass die Himmelskonferenz Michaels drei Jahrhunderte lang dauerte, will deutlich machen, wie eindringlich die Unterweisung war, die Michael den Seinen gab. Die Bilder, die er ihnen zeigte, konnten lange Zeit auf das Wesen der Michaeliten einwirken, bevor sie verblassten und für weitere eindringliche Bilder Platz machten. Auf diese Weise bereitete Michael die Seinen *auf den Kampf um seine Intelligenz vor, der später auf Erden in den Herzen der Menschen ausgefochten werden sollte.*[73]

Engel steigen herab

Es ist im Grunde unmöglich, die Lehren zu beschreiben, die Michael während jener Jahrhunderte weitergab. Menschliche Worte sind nämlich nicht ausreichend, um die großen Geheimnisse zu formulieren, die Michael mit den Seinen teilte. Wenn ich dennoch einen Versuch wage, es ein wenig zu beschreiben, dann tue ich es mit äußerster Zurückhaltung – dies alles ist im Grunde noch sehr viel großartiger, als wir Menschen es heute erfassen können. Wahrscheinlich werden uns in späteren Zeiten tiefergehende Einsichten geschenkt, die verdeutlichen werden, was wir im Augenblick nur in herantastender Weise in Worte fassen können.

Was Michael den Seinen zeigte – und folglich auch dem Kreis der erwartungsvollen Engel, Naturwesen und Individualitäten, die er um sich herum versammelt hatte – war zunächst ein Rückblick auf die Vergangenheit der Erde. In einer kosmischen Rede, die nicht nur aus Worten bestand, sondern auch aus Bildern, Klängen und großen Erkenntnissen, und die jahrhundertelang andauerte, machte Michael deutlich, wie die Menschheit in der fernen Vergangenheit immer von hohen Engeln geführt worden war[74], und zwar durch die Impulse, die diese herabgestiegenen Engel auf den Mysterienplätzen und in den Mysterienschulen an die Eingeweihten weitervermittelt hatten. Hell strahlende, göttliche Wesen, so sagen die Michaeliten, waren unentwegt zu diesen heiligen Plätzen auf Erden hinabgestiegen, um der Menschheit auf diese Weise die Impulse zu schenken, die sie für ihre weitere Entwicklung brauchte.

Göttliche Wesen stiegen hinab: Als die Michaeliten diese Bilder sahen, war es, als würden sie jetzt erst den Traum begreifen, den Erzvater Jakob Jahrhunderte zuvor gehabt hatte, in dem er die Engel fortwährend zur Erde hinab und wieder emporsteigen sah. In der Schöpfungsgeschichte wird es so erzählt: »Und ihm träumte; und siehe, eine Leiter stand auf der Erde, die rührte mit der Spitze an den Himmel, und siehe, die Engel Gottes stiegen daran auf und nieder; und der Herr stand obendarauf.«[75] Die Engel brachten die Gebete der Menschen in die Geistige Welt hinauf und trugen anschließend die Impulse, die die Menschen brauchten, aus der göttlichen Welt zu ihnen hinunter.

Die Lehre Michaels

Die Michaeliten erhielten auf der Himmelskonferenz Michaels einen Überblick über die vielen verschiedenen Mysterienplätze, zu welchen die Engel hinabgestiegen waren, um ihnen Impulse zu geben. So bekamen sie Bilder von den heiligen Plätzen in Ägypten gezeigt, die Thot, Hermes Trismegistos oder Serapis geweiht waren. Andere Mysterienplätze – so sahen die Schüler Michaels – hatten sich in Indien befunden. Darüber hinaus sahen sie Bilder der asiatischen Mysterien, die der großen Muttergöttin geweiht waren. In wieder anderen Bildern fiel das Licht auf die Mysterien in Persien, Griechenland und Irland. Doch auch die Bilder der Mysterien im früheren Atlantis wurden ihnen gezeigt.[76] Bei all diesen Bildern ging es vor allem um das unterschiedliche Wissen, das auf diesen verschiedenen Mysterienplätzen und an den Mysterienschulen gehütet wurde. Immer wieder sahen die Schüler Michaels, wie die kosmische Weisheit an diesen heiligen Plätzen in unterschiedlichen Formen auf die Menschheit zugekommen war. Besonders bewegend war die Tatsache, dass die meisten anwesenden Individualitäten einst einmal auf Erden als Eingeweihte oder Adepten mit einer dieser Schulen verbunden gewesen waren. Sie sahen also in den Bildern, die

Michael ihnen zeigte, ihre eigene Vergangenheit vorüberziehen.

Bei den Mysterien, die sie gezeigt bekamen, ging es nicht nur um Sonnenmysterien, sondern (unter anderem) auch um Venus-Mysterien, Merkur-Mysterien, Jupiter-Mysterien und Saturn-Mysterien. In diesen Mysterien wurden eine ganze Reihe von unterschiedlichen Ritualen ausgeführt und verschiedene heilige Handlungen vollzogen. Es ist wichtig zu wissen, dass diese ganz unterschiedlich waren. Doch sie hatten allesamt eines gemeinsam, dass auf diesen Mysterienplätzen an bestimmten Eingeweihten nämlich ein besonderes Ritual vollzogen wurde: Sie wurden von ihrem physischen Leib gelöst, um ihn zu verlassen – und daraufhin bei jener Astralreise die Impulse der hohen Engel in sich aufzunehmen, die auf diesen Mysterienplatz hinabgestiegen waren. Die Konferenzteilnehmer sahen, wie die Menschheit auf diese Weise viele Jahrhunderte lang von den geistigen Wesen geführt worden war, die zu den verschiedenen Mysterienplätzen hinabstiegen, sowie durch die Eingeweihten, die die Menschheit auf der Grundlage dieser Impulse anleiteten.

Die Sonnen-Mysterien

Natürlich zeigte Michael – er war ja der führende Sonnenengel – ihnen insbesondere auch die Sonnenmysterien, beispielsweise die in Ephesus und in Atlantis. Dies waren ja die heiligen Plätze, wo er den Eingeweihten über seine Engel seine eigene (Sonnen-) Weisheit und seine Einsichten hatte vermitteln lassen. Diese Sonnenmysterien unterschieden sich stark von den anderen Mysterien. So war es beispielsweise kennzeichnend für die Mysterien von Ephesus, dass nicht nur Männer, sondern auch Frauen und sogar ausgewählte Fremde Zugang zu der Lehre und zu den heiligen Ritualen hatten. Außerdem stand bei der Weisheit, die in Ephesus gelehrt wurde, der Freiheitsimpuls im Mittelpunkt. Auch wurden dort die Mysterien des Logos gelehrt, die Mysterien Christi. Doch dies nur insoweit, als die Eingeweihten diese in vorchristlicher Zeit verstehen konnten.

Die Schüler Michaels sahen auch, wie die Sonnenmysterien die Verbindung zwischen den verschiedenen planetarischen Mysterien bildeten: Sie bildeten das Dach der anderen Mysterien und transformierten die unterschiedlichen Impulse zu einer Einheit. So lehrte Michael den Seinen, wie er mit Hilfe der Sonnenweisheit die Gegensätze zwischen den unterschiedlichen planetarischen Mysterien überwunden und in eine neue gemeinsame Einheit transformiert hatte. Auch diesen Impuls Michaels, nämlich zu verbinden, was auf Erden getrennt ist, legte Michael in den Herzen seiner Schüler nieder.

Wie diese alte Verbindung zwischen Himmel und Erde zu einem Ende kam

Als die Anwesenden auf der Konferenz von diesen heiligen Einsichten tief durchdrungen waren – es war, als wären diese in ihrer Seele lebendig geworden – zeigte ihnen Michael, wie diese alte, heilige Art und Weise, die Menschheit auf ihrem Entwicklungsweg zu inspirieren und zu leiten, langsam ein

Ende fand. Bereits während der vorangegangenen Regentschaft Michaels, zur Zeit Alexanders des Großen (356 – 323 v. Chr.), war auf Erden in den Mysterienschulen eine Stimmung von Mutlosigkeit entstanden, weil die Geistige Welt immer weiter weg zu gleiten schien und unerreichbar wurde. Überall war zu spüren: Der Eingeweihte kann nicht mehr in die Geistige Welt hinaufsteigen, wie das sonst immer möglich gewesen war.[77]

Doch wie war es dazu gekommen? Es kam daher, weil der physische Körper des Menschen im Laufe der Jahrhunderte immer mehr zu verhärten begann, so dass die Eingeweihten sich immer schwerer von ihrem Körper lösen konnten, um dann bei einer Astralreise die Impulse der herabgestiegenen Engel in sich aufzunehmen. Die Menschen hatten sich unmerklich immer weiter von der Geistigen Welt entfernt, immer mehr mit der Erde verbunden und waren verhärtet geworden. Dies bedeutete schließlich das Ende dieser ganz besonderen Einweihungen.

Ganz eindringlich zeigte Michael seinen Schülern die Folgen dieser Entwicklung auf und wie der Mensch drohte, sich selbst überlassen zu werden, nun, da die alten Einweihungen nicht mehr möglich waren. Er zeigte ihnen, wie der Mensch die Verbindung zu Gott zu verlieren drohte, weil er sich zu weit von Gott entfernt hatte. Er zeigte ihnen auch, wie die Menschheit in eine Sphäre von Finsternis abzusinken drohte und über kurz oder lang dem Untergang entgegenzugehen schien.

Die Schüler Michaels, die sich um den großen Erzengel herum geschart hatten und diese Entwicklungen in der Sonnensphäre durchlebten, erfuhren (aus irdischer Sicht) ein Gefühl des Entsetzens und der Trostlosigkeit. Wie sollte es mit der Menschheit nun weitergehen? Michael sah und spürte die Angst und Besorgnis seiner Schüler in seiner eigenen Seele. Ihr Leid bestärkte seine feste Entschlossenheit nur umso mehr, beim drohenden Untergang der Menschheit eine Kehrtwende herbeizuführen.

Der Aufruf Michaels

Dann, in der beklemmenden Stille, die durch das Entsetzen der anwesenden Schüler entstanden war, zeigte Michael, wie der Logos selbst, der Sonnengeist, zur Erde hinabgestiegen war, um die Menschheit vor diesem Los zu erretten. Danach zeigte er, wie die kosmische Weisheit als ein Geschenk des Sonnengeistes, des Christus, ebenfalls zur Erde hinabgestiegen war. Christus machte den Menschen dieses Geschenk, um ihnen damit die Fähigkeit eines selbstständigen Denkens zu geben, das den Platz des früheren, inspirierten, traumartigen Bewusstseins des Menschen einnehmen sollte.

Michael zeigte auch in Bildern, was dieses Geschenk inzwischen bewirkt hatte, dass der Mensch nämlich ein selbstständiges Denken entwickelt hatte, ein Denken mit dem Kopf. Durch diese Entwicklungen war nun auf Erden eine dramatische Zeit angebrochen: Die alte, inspirierte Verbindung zur Geistigen Welt war nahezu ganz verschwunden. Es gab keine großen Eingeweihten mehr, die die Impulse der Geistigen Welt empfangen konnten. Doch mit dem beschränkten Kopfdenken konnte der Mensch mit der Geistigen Welt auch nicht in Kontakt treten. Wie sollte es nun weitergehen? Dies war die eindringliche Frage, die Michael den Seinen stellte.

Michael zeigte, dass die einzige Möglichkeit, um die Menschheit zu retten, in der Umwandlung des Kopfdenkens in ein geistiges, michaelisches, Herzensdenken bestand. Nur dadurch würde sich der Mensch wieder der Geistigen Welt bewusst werden und aus eigener Kraft mit dieser Welt in Kontakt treten können.

Es erscheint vielleicht befremdlich, dass der Mensch lernen muss, sein Kopfdenken wieder in ein Herzensdenken umzuformen. Beim kosmischen Gewitter hatten ja die hohen Engel die kosmische Weisheit nun gerade an das Gehirn (und somit an den Kopf) angebunden, damit sie sich dort zu einem rationalen, logischen Kopfdenken entwickeln sollte. Warum haben sie das Denken denn dann nicht gleich ans Herz des Menschen angebunden? Weil das selbstständige, unabhängige Denken des Menschen sich nur aus dem Gehirn heraus entwickeln konnte. Das Gehirn ist die Stelle, wo der Mensch die niederste Form des Denkens entwickeln kann. Doch danach muss der Mensch lernen, den Sprung vom Kopfdenken in eine höhere Form des Denkens zu tun – in das Denken mit dem Herzen.

So zeigte Michael in einer Reihe von eindringlichen Bildern, dass in der Transformation des Kopfdenkens zu einem Herzensdenken für den Menschen die einzige Möglichkeit liegt, einem definitiven Untergang zu entrinnen. Das Herzensdenken wird dem Menschen die Fähigkeit schenken, wieder mit der Geistigen Welt in Verbindung zu kommen, also zu ihr emporzusteigen.

Nachdem die Anwesenden alle diese Einblicke verinnerlicht hatten, ertönte der Aufruf Michaels laut und kräftig durch die Sonnensphäre: »Der Mensch muss nun selbst zu Gott emporsteigen. Der Mensch muss lernen, neu und anders zu denken!« Viele Male wiederholte Michael diesen Aufruf – so lange, bis die Menschenseelen, die anwesend waren, diese Worte in ihrem Inneren so widerhallen hörten, als wären es ihre eigenen Worte. Eben diese Worte hörten sie später, als sie zu einem neuen Leben auf die Erde hinabstiegen, unbewusst in ihren Herzen widerklingen.

Gemeinsam mit Dir, Michael, unterwegs

Michael, so lange schon bist Du mit uns unterwegs.
So lange schon stehst Du uns bei, um der Mensch zu werden,
wie Gott ihn geplant hat. So lange schon bist Du
der große Diener Christi, des Sonnengeistes,
Deiner großen Liebe. Daher wirst Du auch voller
Ehrfurcht »das Antlitz Christi« genannt.

Von Urbeginn an hast Du Dich um uns gekümmert,
um unser Gedeihen, unsere Bewusstwerdung und unsere
Entwicklung. Wenn wir an Dich denken, sehen wir Dich
als einen Kämpfer, der den Drachen unter seinen Füßen
hält. Mit diesem Bild willst Du uns Mut schenken,
so dass auch wir den Kampf gegen Ahriman angehen
und lernen, ihn in unseren Herzen in Schach zu halten.

Als der Sonnengeist, der Christus, niederstieg zur Erde,
waren wir gemeinsam mit Dir, Michael, auf der Sonne und
haben gesehen, wie Christus die Sonne verließ.
Wir haben gesehen, wie sich der Geist der Sonne auf

die Erde begab, um dort das Zentrum unseres Sonnensystems zu bilden. Wir fühlten uns allein, als hätten wir einen geliebten Menschen verloren.
Doch glücklicherweise warst Du, Michael, da
und hast uns Kraft und Vertrauen geschenkt.

Wir sahen auch, wie in der Zeit danach die kosmische
Weisheit Christus nachfolgte. Sie verließ die Sonne
und machte sich auf den Weg zur Erde. Das war der zweite
große Verlust für Dich, Michael, denn diese Weisheit war
dein Schützling, dein Herzenskind. Nun musstest Du sie
loslassen, damit sie die Menschheit
inspirieren und ihr Intelligenz schenken konnte.

Doch in den Händen der Menschen wurde diese Weisheit
so oberflächlich, so materialistisch und so egoistisch.
Daher hast Du, Michael, beschlossen, unser Denken während deiner Regentschaft, die im Jahr 1879 beginnen sollte,
auf ein höheres Niveau emporzuheben.
Um das vorzubereiten, hast Du all die Deinen zu einer Konferenz einberufen.
Dort hast Du ihnen gezeigt, wie sie später auf Erden diesen
Sprung in ein höheres Denken machen können.

Und jetzt ist es so weit: Wir, Deine Mitarbeiter, sind jetzt
auf Erden, und Du, Michael, bist unser Regent. Jetzt müssen
wir lernen, diesen wichtigen Sprung in ein höheres
Denken zu tun – und Du, Michael, Du stehst uns inspirierend bei.

18.

DER HIMMLISCHE KULT IM SONNENTEMPEL

Die Erneuerung der alten Mysterien

Während der Himmelskonferenz hatte Michael die Seinen nicht nur auf die vielen Facetten der Vergangenheit hingewiesen, in welcher der Mensch von hohen Eingeweihten geführt worden war, die an den Mysterienschulen ihre Impulse empfingen. Er hatte damals auch bereits auf die Zukunft hingewiesen, in der es erforderlich sein würde, dass neue Mysterien die Stelle der alten Mysterien einnehmen müssten, die verloren gegangen waren.[78]

Früher, so sagte er, stiegen die Engel zur Erde hinab, um den Menschen Inspiration, Impulse und Führung zuteil werden zu lassen. Doch nun mussten die Menschen lernen, zu den Göttern emporzusteigen, um die höhere Weisheit zu empfangen. Die neuen Mysterien sollten ihnen dabei behilflich sein und es ihnen ermöglichen, den Weg hinauf in die Geistige Welt zu finden. Dafür musste, so machte er mit Worten, Klängen, aber auch mit eindringlichen Bildern deutlich, eine neue Einweihungslehre entworfen werden, die an die neue Situation, die durch den Untergang der alten Mysterien auf Erden entstanden war, angepasst werden musste.

Auch erklärte er, dass diese Erneuerung (von alten in neue

Mysterien) durch die Ankunft Christi auf Erden und sein Geschenk des Höheren Selbst möglich geworden war. Außerdem war es so, ließ er wissen, dass die Erneuerung der alten Mysterienweisheit zuerst in der Geistigen Welt vollzogen werden musste, um danach auf Erden verwirklicht werden zu können.

Sergej Prokofieff beschrieb es so: »Die ‚alte Einweihungsweisheit' aus der Quelle des Mysteriums von Golgatha musste erneuert werden, um in der Folge ‚auf neue Weise' in den Seelen der Menschen aufzublühen, zuerst in der Geistigen Welt und später auch auf Erden.«[79]

Die erste Erneuerung oder Umwandlung der alten Mysterien – die in der Geistigen Welt stattfinden sollte – wurde bei dem feierlichen kosmischen Festakt oder Kult vollzogen, der nach Abschluss der Himmelskonferenz abgehalten wurde. Dieser Kult bildete den eigentlichen Abschluss der Michael-Schule.

Auf dass der Geist in uns den Geist im Äußeren finden möge

Die Feierlichkeit oder der Kult fand von 1795 bis 1828 statt, vielleicht sogar etwas früher. Das bedeutet folglich, etwa 33 Jahre lang.[80] Diese Zahl ist bedeutungsvoll: Es sind die Lebensjahre Jesu Christi, der in seinem 33. Lebensjahr am Kreuz starb. Doch sein Tod bedeutete – wie wir bereits früher festgestellt haben – die Geburt Christi auf Erden. Dies ist also die tiefere Bedeutung jenes Kultes: Die Menschen sollten lernen, wie sie auf Erden die Verbindung mit ihrem Höheren

Selbst, oder dem Christusgeist, direkt herstellen konnten. Dank dieser Verbindung würden sie die ersten Kräfte davon in sich aufnehmen können. Diese würden sie dazu befähigen, mit der göttlichen Welt in Kontakt zu treten.

Doch zunächst musste diese Fähigkeit (sich innerlich für das eigene Höhere Selbst öffnen zu können) während des Kultes in der Geistigen Welt in ihrer geistigen Urform aufgebaut werden, so dass die Michaeliten später auf Erden diese Fähigkeit auch als Menschen verwirklichen konnten.

Ebenso wie die Konferenz wurde auch der Kult in der Sonnensphäre abgehalten, dem geistigen Reich Michaels, und zwar im Sonnentempel. Auch jetzt waren viele Engel anwesend – diesmal sogar Engel aus allen neun Hierarchien. Das zeigt, für wie wichtig die Geistige Welt diesen Festakt erachtete. Auch viele Naturwesen oder Elementarwesen waren anwesend, ebenso wie die vielen Menschen, die durch die Jahrhunderte hindurch ein tiefes Band zu Michael entwickelt hatten. Und nicht nur Michael war anwesend, sondern auch der Christus selbst. Was muss das für eine großartige Erfahrung für alle Anwesenden gewesen sein!

Die Essenz dessen, worum es bei dieser Feierlichkeit ging, war folgende Erkenntnis: *Der Mensch kann nur richtig in der Welt bestehen, wenn der Geist in ihm den Geist im Äußeren findet.*[81] Das bedeutet, dass die anwesenden Individualitäten sich bei diesem Festakt ihres eigentlichen tiefsten Wesens bewusst werden sollten – des Geistes. Dadurch würden sie sich später auf Erden auch ihrer Aufgabe bewusst werden, den Geist (das Höhere Selbst) in sich zum Leben zu erwecken. Erst dann würden sie sich des Geistes in ihrem Äußeren bewusst werden können. Nur durch diese Bewusstwerdung seines tiefsten Wesenskerns würde der Mensch auf Erden direkt in die Welt des Geistes, in die Geistige Welt, emporsteigen können.

Eindringliche Bilder von den sieben Mysterien Jesu Christi

Wenn wir uns eine Vorstellung vom Himmelskult machen möchten, dann kommen die irdischen Feiern der Hochfeste Weihnachten, Ostern oder Pfingsten in der Peterskirche in Rom dem vielleicht noch am nächsten. Sie sind die wichtigsten kirchlichen Feste voller Pracht, Prunk und mit beeindruckenden liturgischen Gewändern. Meist ist die liturgische Farbe, die an diesen Tagen verwendet wird, Weiß, als Symbol für das reine, klare Licht der göttlichen Welt.[82] Die Kirchgänger erleben dabei oftmals ein Gefühl von Erhabenheit und Freude.

Etwas von dieser Atmosphäre kennzeichnete auch die kosmische Feier in der Sonnensphäre – einer Sphäre großer Erhabenheit. Man denke nur an die Tatsache, dass sogar die höchsten Engel anwesend waren. Ihr fulminantes Licht voller Liebe und Wärme überstrahlte das Geschehen. Jeder wusste sich in ihre Liebe eingehüllt und fühlte sich durch sie erwärmt. Man bedenke außerdem, dass auch der kosmische Christus anwesend war. Man stelle sich vor, wie das Strahlen seines Liebeslichtes auf alle Anwesenden überging und sie zu einer »Gemeinschaft in Liebe« verband. Wie groß und beeindruckend musste dieser Festakt gewesen sein! Daher darf man getrost behaupten, dass es eigentlich keine Worte gibt, die die Atmosphäre dieser Feier korrekt beschreiben können.

Was war der Inhalt dieses Kultes? Zuerst wurden den Anwesenden die Inhalte der Michael-Schule erneut gezeigt, doch nun in großen, zusammenhängenden Bildern. Nach den vorbereitenden »michaelischen Lektionen« der Himmelskonferenz konnten die anwesenden Individualitäten (oder Menschen) diese Bilder nun noch tiefer und intensiver in sich aufnehmen. Sie spürten, wie der Inhalt der Lehren an der Michael-Schule in ihrer Seele verankert wurde. Diese Einsichten wurden damit für immer Teil ihres Innenlebens, ganz gleich ob sie sich dessen nun bewusst waren oder nicht.[83]

Danach folgten, und zwar gleichsam automatisch durch die Bilder der Michael-Schule übermittelt, die neuen Einsichten, die sie zum ersten Mal mit dem neuen Christentum, dem esoterischen Christentum, vertraut machten, das jahrhundertelang nur den Eingeweihten bekannt war, in der kommenden Michael-Zeit auf Erden jedoch als Inspirationsquelle für das neue Herzensdenken öffentlich bekannt gemacht werden sollte.

Das bedeutete, dass die Anwesenden mit tiefer Ehrfurcht und Hochachtung die sieben Mysterien Christi in großen, eindringlichen Bildern betrachten und sich dabei bewusst werden durften, dass es hierbei um die alles entscheidenden, zentralen Ereignisse des menschlichen Lebens auf Erden ging.

Die neuen Mysterien

Anschließend wurden die neuen Mysterien in großen Bildern gezeigt. Es war, so sagt Sergej Prokofieff, als durften die Anwesenden »den Sonnenaufgang des Geistes auf Erden« mitansehen.[84] Sie sahen, wie infolgedessen die Herzen der Menschen auf Erden begannen, Gedanken zu bekommen, und wie jene begannen, den Weg zu finden, der von ihrem Kopf zu ihrem Herzen führte. So wurde es für sie deutlich, dass die kommende Michael-Zeit auf Erden im tiefsten Kern eine Zeit der Erleuchtung werden würde, allem äußeren Niedergang und Zerfall zum Trotz.

Der absolute Höhepunkt für die Anwesenden war jedoch wahrscheinlich die Erkenntnis, *dass der Mensch fähig sein würde, zu denken und zugleich ein spiritueller Mensch zu sein.*[85] Das war wirklich eine große Entdeckung: Bisher hatten die Menschen, die auf Erden gelebt hatten und nun bei dieser Feier anwesend waren, nur erfahren, wie die kosmische Weisheit im Menschen auf Erden zu einem logischen, rationalen Denken geworden war. Doch nun sahen sie in den kultischen Bildern, die sie von allen Seiten umgaben, dass schon bald, in der kommenden Zeit, das kurzsichtige Denken umgewandelt und zu einem Denken mit dem Herzen erhoben werden würde. Auch sahen sie, wie eben jenes Denken den Menschen dazu befähigen würde, ein geistiger Mensch zu werden, der in innerer Verbindung mit der Geistigen Welt leben würde – bewusst und mit Einblick.

Der Übergang von den Mysterien des Vaters zu den Mysterien des Sohnes

Aus den kosmischen Bildern, die die Michaeliten bei der Feier sahen, strömte wie von selbst eine neue Erkenntnis hervor: Die Erkenntnis, dass die alten Mysterien von Gott, dem Vater,

ausgegangen waren – die daher auch als »Vater-Mysterien«
bezeichnet wurden. Sie waren überrascht über den absoluten
Gehorsam der Adepten; denn, so wurden sich die Michaeliten bewusst, diese neuen Mysterien würden vom Logos, von
Christus, ausgehen, vom göttlichen Sohn. Diese beiden Mysterien unterscheiden sich fundamental voneinander, vor allem, weil es bei den Mysterien Christi, des Gottessohnes, um
Freiheit geht, oder: Alle Entscheidungen, die der Adept trifft,
darf er in einer Sphäre vollkommener Freiheit fällen. Ein wei-
terer Unterschied ist folgender: Bei den alten Vater-Mysterien
stieg die Geistige Welt zur Erde hinab. Doch bei den Mysterien des Sohnes wird der Mensch lernen, in die Geistige Welt
emporzusteigen. Es dürfte klar sein, dass zu den Mysterien
des Sohnes auch ein anderer, neuer Einweihungsweg gehört.
Dies ist ein Entwicklungsweg, der den Menschen (der sich
für diesen Weg entscheidet) letztendlich mit dem kosmischen
Christus verbindet. Die Anwesenden bekamen außerdem gezeigt, wie sie auf dem neuen Einweihungsweg – der sie in
die Hände des kosmischen Christus führen sollte – als ersten
Keim ihres Höheren Selbst »einen Tropfen« seines Wesens in
sich selbst aufnehmen dürfen. Groß und auf eindrucksvolle
Weise wurde diese neue menschliche Fähigkeit gefeiert!

Vom Nachtgeist zum Taggeist

Sobald sie einmal diese großen Erkenntnisse in ihrem tiefsten
Wesen aufgenommen hatten, konnten die Anwesenden noch
etwas anderes erkennen – die veränderte Position Michaels.
Früher, als er noch »das Antlitz Gottes« und der Volksgeist

Israels war, war er ein »Nachtgeist«. Er wirkte vor allem auf das Unterbewusstsein des Menschen ein. Eine direkte Einwirkung konnten die Menschen damals noch nicht ertragen. Daher übte er in jener Zeit seinen Einfluss auf das Unterbewusstsein des Menschen als »Nachtgeist« aus, während jener schlief. Doch seit dem Mysterium von Golgatha wurde er allmählich zum »Taggeist«.[86] Seit jener Zeit darf er immer direkter und bewusster mit dem Menschen umgehen, ihm bewusst Führung im Leben bieten und ihn im Bewusstsein ansprechen. Insbesondere in der Zeit der Regentschaft Michaels werden die Menschen sich Michaels immer bewusster werden, und er wird uns in unserem Bewusstsein ansprechen können, wenn wir uns zumindest für ihn öffnen; denn auch jetzt respektiert Michael unsere Freiheit.

Nun können wir auch begreifen, warum wir erst in der heutigen Zeit fähig sind, das Michaeli-Fest bewusst und mit tiefer Freude zu feiern. Wir können nämlich jetzt eine ganz neue, bewusste Verbindung zu Michael eingehen. Das geschieht automatisch, wenn wir unser Kopfdenken allmählich in ein Herzensdenken umwandeln. Je mehr uns das gelingt, desto stärker werden wir erfahren, dass in unserem Herzen eine lebendige Verbindung zu Michael zu entstehen beginnt.

Der Weg in die Zukunft

Während der feierlichen Zeremonie standen im Sonnentempel drei riesige Altäre. Sie symbolisierten die drei kommenden Inkarnationen von Mutter Erde, die aufeinanderfolgend (der neue) »Jupiter«, (die neue) »Venus« und (der neue) »Vul-

kan« genannt werden. An diesen Altären wurde dreiunddrei-
ßig Jahre lang der Kult vollzogen. Allein schon diese Symbo-
lik der drei Altäre zeigt, wie sehr der Kult auf die Zukunft
ausgerichtet war, und wie den Anwesenden gezeigt wurde,
wozu der Christus-Impuls in Zukunft führen würde. Dabei
ging es nicht nur um die nahe Zukunft, sondern auch um die
ferne Zukunft. Die Anwesenden erhielten so einen festlichen,
eindringlichen Einblick in die gesamte zweite Hälfte der Evolution des Menschen. Sie sahen, wie sich die Entwicklung auf
Erden von jenem Moment an vollziehen würde.

Spiegelungen auf Erden

Wenn sich solche bedeutenden kosmischen Ereignisse – wie
etwa die Michael-Schule mit dem anschließenden Kult – in
der Geistigen Welt abspielen, strahlt und/oder wirkt das natürlich in den gesamten Kosmos hinaus, und folglich auch
auf das Leben auf Erden. Die Energien, die von diesen kosmischen Ereignissen ausgehen, wirken – ohne dass die Menschen sich dessen bewusst sind – bis in das irdische Leben
hinein. So wurden die Französische Revolution (1789 - 1799)
und die Unabhängigkeitserklärung der Vereinigten Staaten
(im Jahr 1776) als sichtbare Folgen des Kultes im Sonnentempel auf das Leben auf Erden genannt. Solche Auswirkungen
von kosmischen Ereignissen werden als »Spiegelungen« bezeichnet: Sie spiegeln die großen Ereignisse in der Geistigen
Welt auf der Erde wider.[87]

Träger des ätherischen Christus

Am überwältigendsten war beim Kult im Sonnentempel vielleicht die Tatsache, dass bei diesem Festakt ein besonderes Wesen geboren wurde, ein lebendiges, kosmisches Wesen. Es wurde aus den Kräften und Substanzen erweckt, die aus dem gesamten Kosmos hierfür herbeigebracht worden waren. Das Wesen war, so heißt es, »ein übersinnlicher Mensch, ein für die Sinnesorgane unsichtbares Menschenwesen«. Es heißt auch, dass »dieses Wesen Anthroposophia ist – die wahre Weisheit des Menschen«.[88] Dieses besondere kosmische Wesen lebt seit jener Zeit mit und unter den Menschen auf Erden. Auch jetzt lebt es auf Erden in unserer Mitte und sucht nach Möglichkeiten, um uns zu inspirieren. Rudolf Steiner nannte dieses Wesen auch »das neue Christentum«, das esoterische Christentum, das in unserer heutigen Zeit beginnt, ans Licht zu kommen. Überall, wo Menschen sich mit diesem Christentum verbinden, steht dieses Wesen ihnen inspirierend bei.

Es ist wichtig zu verstehen, dass mit diesem neuen Christentum keine Lehre gemeint ist, keine bestimmte Auslegung der Bibel und auch keine bestimmte Auffassung. Dies kann am Ende möglicherweise daraus hervorgehen. Doch im tiefsten Kern ist das neue Christentum ein lebendiges, kosmisches Wesen, das alle Menschen mit seiner wahren Weisheit inspirieren möchte, ob sie nun Christen, Buddhisten oder Islamisten sind, beziehungsweise überhaupt keine Glaubensüberzeugung haben.

Noch bedeutender – sagen wir ruhig schwindelerregender – ist die Tatsache, dass dieses Wesen die Hülle für den ätherischen Christus bei seiner »Wiederkunft«, seinem Erscheinen in der ätherischen Welt, bildet. So, wie der Mensch Jesus von Nazareth die Hülle für den Christus auf Erden bildete, und so, wie er bei der Taufe im Jordan zum Träger des Christus-Geistes wurde, bildet dieses Wesen für den Christus bei seinem Abstieg in die ätherische Welt die Hülle. Anders formuliert: Dieses Wesen wurde in der ätherischen Welt zum Träger des kosmischen Christus. (Wie wir in Kapitel 19 sehen werden, begann die »Wiederkunft« Christi ab den Dreißigerjahren des 20. Jahrhunderts, vor Beginn des Zweiten Weltkriegs).

Die Individualitäten, die bei den Feierlichkeiten anwesend waren, spürten, wie eine tiefe Liebe zu diesem Wesen in ihrer Seele erwachte. Angespornt von dieser Liebe, würden sie sich in ihrem nächsten irdischen Leben bewusst oder unbewusst auf die Suche nach diesem Wesen machen. Dadurch wurden sie eine Verbindung zum esoterischen Christentum und/oder der Anthroposophie bekommen. Auf diese Weise würden sie auch automatisch zum Diener und Mitarbeiter Michaels auf Erden werden – zu einem Michaeliten.

19.

DIE ZWEITE OFFENBARUNG MICHAELS ÜBER DEN CHRISTUS

Michael richtet uns auf die Zukunft aus

Michael ist stark auf die Zukunft ausgerichtet: Er wird als der Engel des »Werdenden« oder als der Erzengel bezeichnet, der uns die Zukunft eröffnet.[89] Das hängt auch mit der Tatsache zusammen, dass Michael »das Antlitz Christi« ist. Durch diesen Titel zeigt er nämlich ohne Worte, was die Zukunft des Menschen ist, nämlich die Tatsache, dass der Christus in ihm lebendig wird, in ihm sprechen wird, in ihm zur Liebe wird.

Michael zeigt an seinem eigenen Wesen, wie sich dies gestaltet. Emil Bock schreibt darüber: »Auf übermenschliche, erhabene Weise verwirklicht Michael die Worte des Apostel Paulus: ,Nicht ich, sondern Christus in mir.' Durch Michaels Augen schaut Christus uns an, auf seiner Stirn leuchten die Gedanken Christi. Wenn er seinen ernsten Mund öffnen würde, würde Christus durch ihn sprechen.«[90] Dies ist also die Zukunft, die auch auf uns wartet. Es ist die Essenz all dessen, was Michael uns lehren möchte: Wir sind unterwegs in eine Zukunft, in der Christus in uns leben und sprechen, in der seine Liebe durch unsere Augen anderen entgegenleuchten wird.

Gerade weil Michael auf die Zukunft ausgerichtet ist, war er derjenige, der als Vorbote Christi in die ätherische Welt hinabgestiegen ist. Er wusste nämlich, dass der Christus von dort aus dem Menschen dessen neue Zukunft (zumindest den Beginn dieser) bringen wird, und zwar durch *seine Wiederkunft*, durch *sein Erscheinen in der ätherischen Welt*. Wie wir bereits in Kapitel 12 festgestellt haben, ist das siebte Mysterium Christi ein Mysterium, das sich in unserer heutigen Zeit vollzieht und durch das vorbereitende Werk Michaels ermöglicht wird. Den Einblick, den Michael uns in die Wiederkunft schenkt, wird auch als »die zweite Offenbarung Michaels über den Christus« bezeichnet. Bei diesem siebten Mysterium geht es nicht um Mysterien, die sich – wie die ersten sechs – in der Vergangenheit abgespielt haben, sondern um ein Mysterium, das sich erst in unserer heutigen Zeit zu entfalten beginnt und bis in die ferne Zukunft (sowohl auf die heutige Inkarnation von Mutter Erde als auch auf die drei Inkarnationen, die noch folgen werden) erstrecken wird.

Der Sturz der Geister der Finsternis

Nach dem kosmischen Kult im Sonnentempel stieg Michael auf die Erde hinab. Er wollte nahe bei den Menschen auf Erden sein, nun, da seine Regentschaft anbrechen und er beginnen durfte, die Menschen zu inspirieren. Er nahm dabei denselben Weg, den auch der Christus und die kosmische Weisheit genommen hatten. Sein Weg führte ihn in die ätherische Welt (die Geistige Sphäre, die die Erde wie eine Hülle umgibt und dieser Lebenskraft schenkt). Dort lebte zu jener Zeit Ahriman – von dort aus bedrängte dieser unaufhörlich die Menschen auf Erden.

Als Michael im Jahr 1841 in der ätherischen Welt ankam, entbrannte dort direkt ein heftiger Kampf zwischen den beiden. In Kapitel 9 habe ich bereits berichtet, dass dieser Krieg bis zum Jahr 1879 andauerte. Er endete damit, dass Michael den düsteren Ahriman aus der ätherischen Welt vertrieb und ihn auf die Erde warf, wo dieser seitdem noch direkter als vorher auf den Menschen einwirken kann. Nicht nur Ahriman selbst, sondern auch alle seine Engel wurden auf die Erde vertrieben, ein Ereignis, das unter der Bezeichnung »Der Sturz der Geister der Finsternis« bekannt ist.[91]

Vor dem Jahr 1879 wirkte Ahriman mehr im allgemeinen Sinne auf den Menschen ein. Doch seit 1879 kann er ganz direkt auf jeden Menschen persönlich einwirken. Dadurch laufen die Menschen (also wir) Gefahr einer einseitigen materialistischen Entwicklung, wobei das Geistige ihnen vollkommen unbekannt bleibt. Anders formuliert: Die Menschen laufen seitdem Gefahr, ein irdisches Leben zu führen, in dem es nur noch um die Materie geht und geistige Einsichten ihnen unbekannt bleiben und von ihnen sogar abgelehnt werden. Ahriman bekam seit jener Zeit immer mehr Menschen in seinen Griff, und jeder, der sich umblickt, sieht, wie sein negativer Einfluss immer noch größer zu werden scheint.

Die Geister der Finsternis wirken
auf unser Denken ein

Durch den Sturz Ahrimans und der Seinen hat sich der Streit zwischen Michael und Ahriman auf die Erde verlagert: Unser Herz und unsere Seele sind nun der Schauplatz ihres Kampfes. Die ahrimanischen Geister wohnen und wirken seitdem sowohl in unserem Denken als auch in unserem Fühlen und unserem Willen. Doch von diesen Dreien geht es vor allem um unser Denken, nämlich darum, Einfluss darauf zu bekommen: Sie wollen unser Denken zu einem rein irdischen, rein materialistischen Denken machen, so dass der Mensch sich automatisch von allem abwendet, was mit dem Geistigen (und der Welt des Geistes) zu tun hat. Wenn ein Mensch Wissen über die Welt des Geistes hat, erleben Ahriman und die Seinen dies als ein sengendes, verzehrendes Feuer, das von diesem Menschen ausgeht, und das sie mit aller Macht meiden wollen.

Michael hingegen will uns einfach wieder bewusst machen, dass das Geistige existiert. Daher ist für ihn beispielsweise die Erziehung von Kindern, die im Zeichen von Güte, Schönheit und Wahrheit steht, von entscheidender Bedeutung. Dies stellt bei einem Menschenkind die Verbindung zum Geistigen her. Ebenso wichtig ist es für Michael, Kinder mit der Natur vertraut zu machen und ihnen Liebe für die Natur beizubringen. Diese Liebe wird in ihnen ehrfürchtiges Staunen hervorrufen – und diese Ehrfurcht ist mit Abstand der sicherste Weg, der uns zum Geistigen führt.

Übrigens haben wir den Geistern der Finsternis tatsächlich doch etwas zu verdanken: Sie machen den Menschen nämlich auch klüger. Intelligenz-Tests zeigen, dass der durchschnittliche IQ der Menschen in letzter Zeit steigt, viel höher, als man aufgrund der jahrhundertelangen Entwicklung, die hinter uns liegt, erwarten sollte.

Die Schaffung eines geistigen Freiraums

Der Kampf zwischen Michael und Ahriman und die Vertreibung Ahrimans aus der ätherischen Welt sind auch aus einem anderen Grund sehr wichtig: Es musste nämlich in der ätherischen Welt ein reiner Raum geschaffen werden, der frei von den dunklen, negativen, geistlosen Energien Ahrimans sein würde. Nur in diesem reinen Raum würde der Christus hinabsteigen können, um aus der ätherischen Welt den allerersten Keim des Höheren Selbst (oder des Christus-Geistes) in das Herz des Menschen niederlegen zu können – eine Tat, die von entscheidender Bedeutung sein würde, weil die Menschen nur durch die Kraft des Höheren Selbst imstande sein würden, den Sprung vom beschränkten, materialistischen Kopfdenken zu einem Herzensdenken zu tun.

Michael, »das Antlitz Christi«, ging Christus voraus, wie wir gesehen haben. Er stieg in die ätherische Welt hinab und schuf dort den nötigen reinen Freiraum. Erst dadurch wurde der Abstieg Christi in die ätherische Welt möglich.

Der reine Freiraum, den Michael schuf (indem er Ahriman und die Seinen auf die Erde verbannte), ermöglichte es, dass der Christus der Menschheit »in einer reinen, nicht durch die Gegenmächte verzerrten Imagination erscheinen kann«.[92] Diese Formulierung bedeutet: Dadurch, dass Michael Ahriman aus der ätherischen Welt vertrieben hat, ist es für Ahriman nicht mehr möglich, die Ausstrahlung Christi – oder die Form seines Erscheinens bei den Menschen – in eine dunkle, verwirrende oder unbegreifliche Erscheinung zu verändern. Allein das ist schon ein großes Geschenk. Wie hätten wir in der heutigen Zeit jemals die ätherische, hell strahlende Gestalt verstehen können, in der der Christus den Menschen in zunehmendem Maße erscheint, wenn seine Erscheinung nur verwirrend und unbegreiflich oder sogar in Finsternis verwandelt worden wäre? Die Tatsache, dass dies alles nicht so gekommen ist, ist ein Geschenk, das wir Michael verdanken.

Einem höheren Bewusstsein entgegenwachsen

Durch die Reinigung der ätherischen Welt ermöglichte Michael also das siebte Mysterium Christi – »seine Wiederkunft« oder »sein Erscheinen in der ätherischen Welt«.[93] Wie müssen wir dieses Mysterium sehen?

Wir haben gesehen, wie der Christus sich vierzig Tage nach der Auferstehung beim Fest der Himmelfahrt in die höheren Geistigen Welten zurückgezogen hat. Wie ich in Kapitel 12 beschrieben habe, sahen die Jünger Christi ihn an jenem Tag oben auf dem Ölberg – wo sie in einem großen Kreis um ihn herumstanden – in höhere Welten aufsteigen, so lang, bis er ihren Blicken entschwunden war. Sie sahen, wie sich sein Auferstehungsleib weiter und immer weiter ausdehnte. Sie sahen, wie er in die ätherische Welt hinausströmte. Sie sahen also, wie sein Auferstehungsleib mit der ätherischen Welt eins wurde. Sie spürten, wie er sich auf diese Weise in die höheren Welten zurückzog. Dieses so bedeutende Ereignis empfanden die Jünger als einen tiefgreifenden, entscheidenden Verlust.

In unserer heutigen Zeit ist häufig die Rede von einer Rückkehr des Christus: Immer mehr Menschen berichten, dass ihnen der Christus erschienen ist – nicht in einem physischen Körper, sondern als ätherische Gestalt. Manchmal erscheint er ihnen als strahlende Lichtgestalt, manchmal als Mensch, doch dann auch als transparenter, ätherischer Mensch. Daran dürfen wir erkennen, was in der christlichen Tradition immer als »die Wiederkunft Christi« bezeichnet wurde. Einmal, so wurde durch die Jahrhunderte hindurch erzählt, wird Christus zurückkehren, und immer mehr Menschen dürfen ihn sehen. Was dabei jahrhundertelang nicht verstanden worden ist, ist die Tatsache, dass der Christus nicht mehr in einem physischen Körper auf die Erde zurückkehren – sondern den Menschen in einem Ätherleib aus der ätherischen Welt erscheinen wird.

Immer mehr Menschen sind in unserer heutigen Zeit imstande, den Christus in der ätherischen Welt wahrzunehmen. Ihr Bewusstsein erweitert sich, und dadurch werden sie imstande, ihn zu sehen. Eigentlich ist das ganz verständlich, denn ab dem Jahr 1899 wurde der Schleier, der die Geistige Welt von der irdischen Wirklichkeit abgeschirmt hatte, wieder durchsichtig. Daher werden immer mehr Menschen in unserer heutigen Zeit hellsichtige Erfahrungen machen, und insbesondere das Lichtwesen, das dort wahrzunehmen ist, nämlich den Christus, sehen dürfen. Dabei ist es Michael, der in unserer heutigen Zeit gleichsam allmählich den Schleier lüftet oder uns den Impuls gibt, durch den wir fähig werden, etwas von jener anderen, größeren Welt wahrzunehmen.

Wir haben bereits gesehen, dass er es ist, der den Freiraum geschaffen hat, in dem der kosmische Christus aus höheren Welten herabsteigen konnte. Nun erkennen wir, dass auch er es ist, der den Schleier lüftet. Durch dieses vorbereitende Werk Michaels werden immer mehr Menschen Christus sehen dürfen.

Um diesen Prozess des Abstiegs in die ätherische Welt besser zu verstehen, ist es wichtig zu wissen, dass der Christus sich bei seinem Abstieg zunächst in den Astralkörper von Jesus von Nazareth und später in den Ätherleib des *Wesens Anthroposophia* eingehüllt hatte, das am Ende des Kultes im Sonnentempel erschaffen worden war. Nur dadurch, dass er diese Umhüllungen annahm, war es für ihn möglich, in die ätherische Welt hinabzusteigen.

Die Christus-Erscheinung

In meinem persönlichen Leben spielt das Mysterium der *Wiederkunft Christi* eine wichtige Rolle. Sowohl damals, als ich als Pfarrer in einem Krankenhaus arbeitete, als auch zu der Zeit, als ich Radiopfarrer war, berichteten mir auffallend viele Menschen, dass sie eine Christus-Erscheinung gehabt hatten. Ich möchte gern ein Beispiel nennen, das mir von einem 19-jährigen Mädchen erzählt wurde. Sie lag im Krankenhaus, doch trotz der kalten Atmosphäre des Krankenzimmers wirkte sie wie ein feenhaftes, graziles Wesen, als sei sie nicht von dieser Erde. Eine Woche, bevor sie starb, erzählte sie mir, dass ihr in jener Nacht Jesus (wie sie den Christus nannte) erschienen sei. Als strahlende Lichtgestalt, so sagte sie, stand er neben ihrem Bett. Sie habe sofort, mit innerer Gewissheit, gewusst, wer er war: Jesus.

Ich wagte es nicht, sie zu fragen, was er denn gesagt habe. Eine tiefe Ehrfurcht vor dieser Erfahrung machte mich zurückhaltend. Doch eigentlich musste ich das auch nicht wissen; denn als ich in ihr Gesicht blickte, sah ich, dass sich darauf Sein Licht widerspiegelte. Es war, als befände ich mich dort, neben jenem Krankenbett mit diesen vielen Schläuchen und Apparaten, an einem heiligen Ort, als konnte ich in jenem Moment noch immer seine Anwesenheit spüren. Niemals werde ich den intensiven Frieden und dieses strahlende Leuchten auf ihrem Gesicht vergessen, ebensowenig wie die tiefe Ehrfurcht und Rührung, die all dies in mir hervorrief.

Als sie eine Woche später starb, nachdem sie ins Koma gefallen war, wusste ich, warum Jesus ihr erschienen war: Um ihr den Mut, die Kraft und das Vertrauen zu geben, diesen letzten Schritt aus dem irdischen Leben in die Lichtwelt im vollen Vertrauen tun zu können und um ihr darüber hinaus die Kraft zu geben, ihre Eltern und ihre Geschwister, die sie so sehr liebte, loszulassen. Das war für sie das Schwierigste – nicht der Tod selbst, sondern der Abschied von ihren Lieben.[94]

Michael geht voran

Es hat mich oft überrascht, dass die vielen Christus-Erscheinungen in der Gesellschaft so wenig Resonanz finden. Engel-Erscheinungen sind in Mode, und auch Erfahrungen mit Verstorbenen finden immer mehr Gehör. Doch die Christus-

Erscheinungen stoßen kaum auf wirkliches Interesse.[95] Dank einer Bemerkung von Sergej Prokofieff begann ich endlich zu verstehen, warum dies so ist. Er stellte fest, dass Rudolf Steiner in den letzten Jahren seines Lebens viel mehr über Michael als über den Christus gesprochen hatte – und das, obgleich er in früheren Jahren solch große Einblicke in die Mysterien Christi vermittelt hatte. Aber, so sagt Prokofieff: »Michael muss Christus vorangehen.«[96] Damit meint er Folgendes: Zuerst müssen sich die Menschen mit Michael verbinden, erst dann sind sie – durch die Einsichten, die er ihnen schenkt – imstande, sich innerlich für die Christus-Erscheinungen zu öffnen. Erst dann sind sie auch imstande, die tiefe Bedeutung dieser Erscheinungen zu ergründen.

Prokofieff schreibt auch: »Michael geht sozusagen mit dem Licht der spirituellen Erkenntnis voraus, Christus folgt ihm mit dem Ansinnen der allgemeinen Menschenliebe nach.« Diese Feststellung macht in erster Linie deutlich, dass der Christus kommt, um uns mit den aufkeimenden Kräften unseres Höheren Selbst (oder des Christus-Geistes) die wahre, höhere Liebe zu bringen. Dieser Kommentar verdeutlicht jedoch auch, dass wir erst, wenn wir mit Michael und dem, was er uns an Einsichten schenkt, vertraut werden, imstande sein werden, das siebte Mysterium Christi, seine Wiederkunft, in seiner wirklichen Bedeutung zu verstehen.

Ein neuer Weg nach oben

Mit dem *Mysterium der Wiederkunft* oder dem *Mysterium der Erscheinung Christi in der ätherischen Welt* beginnt eine ganz neue Entwicklung auf Erden. Christus selbst sagt, dass er die Menschen – von der heutigen Zeit an – zu sich nach oben ziehen möchte. Das soll bedeuten: Er möchte ihnen zunächst bewusst machen, dass es die so viel größere, geistige Welt gibt – denn das ist ja die Welt, aus der wir bei unserer Geburt kommen und in die wir nach unserem Tod wieder gehen. Folglich möchte er uns dazu bewegen, in Übereinstimmung mit den Gesetzen dieser Welt zu leben – also gemäß den Gesetzen des Geistigen – und den oberflächlichen Materialismus loszulassen.

Die Christus-Erscheinungen scheinen diese Bewusstwerdung (nahezu automatisch) nach sich zu ziehen. Darüber hinaus wird die Christus-Erscheinung von vielen, die sie erleben, als ein dringlicher Aufruf erfahren, nicht nur uns selbst, sondern auch unsere Gesellschaft in eine Welt des Geistes zu verwandeln, in eine Welt der Liebe und der Gleichwertigkeit und (um nur ein einziges Beispiel zu nennen) in eine Welt, in der sich auch die Naturwesen erkannt und respektiert fühlen. In allen Bereichen der Gesellschaft – so werden die Menschen sich bewusst – muss das Geistige ans Licht gebracht werden. Wir können hierfür in unserer heutigen Zeit immer mehr Ansätze wahrnehmen: Biologisch-dynamische Landwirtschaft, Projekte, um die Ozeane von all der Verschmutzung durch Plastik zu befreien, Unterricht an freien Schulen, ein neues Bankwesen, doch ebenso gut Planungen, um die Gesellschaft so umzuformen, dass die drei großen

Säulen (Wirtschaft, Kultur und Rechtsleben) in Freiheit miteinander zusammenarbeiten können. Wer genau hinschaut, sieht mit tiefer Freude, dass immer mehr Menschen von diesen Idealen ergriffen werden.

Eine großartige Zukunft

Die Christus-Erscheinungen aus der ätherischen Welt sind übrigens erst der Beginn einer unvorstellbar großen Entwicklung. Einst wird sich der Christus noch weiter in die Geistige Welt zurückziehen, und zwar bis in die Astralwelt hinein. Auch von dort aus wird er den Menschen auf Erden immer wieder erscheinen und ihnen die Existenz dieser höheren Welt bewusst machen.

Schließlich wird er sich in ferner, sehr ferner Zukunft noch weiter in die Geistige Welt zurückziehen, und zwar bis ins Devachan hinein, in die eigentliche Lichtwelt. Auch von dort wird er den Menschen erscheinen, um ihnen die Existenz dieser noch höheren Lichtwelt bewusst zu machen und sie zu motivieren, in Übereinstimmung mit den Gesetzen jener Welt zu leben.

So scheint *das siebte Mysterium Christi* der Beginn einer ganz neuen Entwicklung auf Erden zu sein, bei der der Christus seine Menschen Schritt für Schritt in die Geistige Welt zurückbringen wird, aus der wir kommen und in der wir zu Hause sind. Wir dürfen sogar sagen: Der Christus ist zur Erde niedergestiegen, um seinen Menschen von der Erde aus vorangehen und sie auf ihrem Weg zurück nach Hause, ins Devachan, begleiten zu können. Jesus Christus persönlich brachte das gemäß dem Evangelium des Johannes (12,32) mit folgenden Worten prägnant auf den Punkt, als er sagte: »Und ich, wenn ich erhöht werde von der Erde, so will ich sie alle zu mir ziehen.«

Eine Bitte zum Abschluss: Verzeihen Sie mir, dass ich dieses so bedeutende Mysterium, das mir so sehr am Herzen liegt und das Teil meines täglichen Lebens ist, derart kurz und knapp, fast schon sachlich-nüchtern niederschreibe. Ich kann nur hoffen, dass diese wenigen Worte für Sie, liebe Leserinnen und Leser, Motivation genug sind, sich in dieses Thema weiter zu vertiefen.[97]

20.

DER MICHAELISCHE EINWEIHUNGSWEG

Das Spiegelbild Michaels

Kurz vor unserer Geburt haben diejenigen, die sich im Laufe ihrer Inkarnationen mit Michael verbunden haben, in der Geistigen Welt eine Begegnung mit ihm. Bei dieser Begegnung geschieht etwas Besonderes: Michael legt ein übersinnliches Bild von sich selbst in ihrem Ätherleib nieder.[98] Das übersinnliche Bild, das *Spiegelbild* Michaels, trägt der Mensch später dann auf Erden in seinem Ätherleib mit sich. Dort wirkt es im Stillen, unbewusst, wie ein sanfter Impuls. Es ist ein Impuls, der uns an Michael erinnert, so dass wir infolgedessen in aller Freiheit entscheiden können, ob wir diesem Impuls nachgehen möchten oder nicht: Ob wir uns in Michael und alles, was er uns mitteilen möchte, vertiefen möchten oder ob wir ihn in unserem Leben links liegen lassen wollen.

Warum tut Michael dies so umsichtig? Warum legt er ein Spiegelbild in unserem Ätherleib nieder, und nicht in unserer Seele? Warum legt er ein Spiegelbild und nicht ein »normales« Bild von sich selbst in unserem Bewusstsein oder in unserer Seele nieder? Das tut er, um uns die Freiheit zu belassen. Wenn er ein direktes Bild von sich selbst in unserer Seele niederlegen würde, würde davon ein solch starker Impuls ausgehen, dass ein Mensch nicht umhin könnte, diesem Impuls nachzugeben. Es ist klar, dass ein solch starker Impuls uns unfrei machen würde. Damit wird auch sofort deutlich, was Michael von uns will: Er will, dass wir uns in aller Freiheit, bewusst und aus uns selbst heraus, für ihn und den Weg, den er uns weist, entscheiden.

Der Freiraum in unserem Herzen

Wenn sich der Mensch aus freien Stücken mit Michael verbindet, wird durch diese freie Entscheidung das ätherische Spiegelbild Michaels aktiviert. Die freie Entscheidung für Michael wird auch als »unsere Hingabe an Michael« bezeichnet. Wenn das ätherische Spiegelbild Michaels durch unsere Hingabe aktiviert und wirksam wird, empfängt der Mensch die Kräfte, die in diesem Bild stecken. Diese befähigen ihn dazu, Ahriman sowohl in seinem Kopf als auch in seinem Herzen zu überwinden.[99]

Mit Hilfe der Kräfte des ätherischen Spiegelbildes – also der sanften Kräfte Michaels – werden wir befähigt, einen Raum in unserem Herzen zu öffnen, zu dem Ahriman keinen Zugang mehr hat, weil in diesem Teil unseres Herzens die michaelischen Kräfte der Liebe, des Friedens und der Hingabe herrschen. In diesem Raum kann sich der Christus mit uns verbinden und einen Sitz in unserem Herzen vorbereiten. Auf diese Weise wird das erste Aufkeimen der Kräfte unseres Höheren Selbst, des Christus-Geistes, in uns aktiviert.

Wer darüber nachdenkt – über diesen *reinen Freiraum in unserem Herzen*, den wir Michael zu verdanken haben – wird sich bewusst, dass Michael damit in unserem Herzen das Gleiche tut, was er in der ätherischen Welt tat: Einen Freiraum schaffen, in dem der Christus wirksam werden kann. Daher kann Prokofieff schreiben: »Im Mikrokosmos kämpft Michael für die Reinigung des inneren Raumes des menschlichen Herzens – und im Makrokosmos für den geistigen Raum, in dem Christus den Menschen in einer unverzerrten Imagination erscheinen kann.«[100]

Der Weg, den Michael uns weist

Die aktivierten Kräfte des Spiegelbilds Michaels rufen uns folglich dazu auf, den michaelischen Einweihungsweg zu beschreiten; denn nur dann werden die Christuskräfte in unserem Herzen und in unserer Seele stärker werden. Wenn wir dem Aufruf, den michaelischen Einweihungsweg zu beschreiten, kein Gehör schenken, werden die aufkeimenden Christuskräfte in unserem Herzen immer schwächer werden, bis sie absterben. Daher ist Michael sehr daran gelegen, dass wir lernen, uns bewusst für den Weg unseres geistigen Wachstums zu entscheiden, den er uns weist. Wenn wir infolgedessen beschließen, diesem Weg zu folgen, hat dies natürlich positive Folgen für uns selbst. Es verstärkt die michaelischen Kräfte sowie die Christuskräfte in unserem Herzen. Doch es geschieht auch noch etwas anderes: Die Geisteskräfte, die wir uns auf unserem Einweihungsweg aneignen, verstärken auch die Kräfte des Wesens *Anthroposophia*, des Wesens, das die Umhüllung Christi, den Träger des Christus-Geistes – in der ätherischen Welt bildet.[101] Je mehr Menschen ihr geistige Kräfte schenken (indem sie den michaelischen Einweihungsweg gehen), desto stärker werden die Kräfte von *Anthroposophia* werden – und damit auch die Kräfte, mit welchen der ätherische Christus auf Erden wirksam werden kann.

Es dürfte klar sein, dass Michael, als dem »Antlitz Christi«, alles daran gelegen ist, dass wir die Kräfte von *Anthroposophia* stärken. Daher ruft er uns – unter Rücksichtnahme auf unsere Freiheit – mit großer Kraft auf, diesen Weg zu gehen.[102]

Die sieben Schritte auf dem Einweihungsweg Michaels – die ich Ihnen im Folgenden vorlegen möchte – bilden den ersten Anfang dieser neuen Mysterien. Wir haben ja gesehen, dass die Anwesenden beim Kult im Sonnentempel gezeigt bekamen, wie die alten Mysterien ihr Ende gefunden hatten und auf Erden dank des Werkes von Michael ein neuer Mysterienweg (oder Einweihungsweg) in den Herzen der Menschen verankert werden würde. Dieser neue Weg beginnt mit dem Einweihungsweg Michaels. Neben diesem Weg ist in diesem Zusammenhang als Basis der neuen Mysterien vor allem auch der Einweihungsweg der Rosenkreuzer wichtig. Für alle Interessierten gibt es verschiedene Bücher, in welchen diese Einweihung beschrieben ist.[103]

Der erste Schritt: Ein flexibles Denken

Der erste Einsatz, den Michael uns abverlangt, ist der des Studiums. Rudolf Steiner sagt darüber: »Der erste Punkt, das Studium, ist ein Wort, das für viele schulmeisterlich klingt.

Doch damit ist nicht Bildung gemeint. Um eingeweiht zu werden, braucht man nicht gebildet zu sein.«[104] Lassen Sie mich ein einfaches Beispiel anführen, um zu beleuchten, was mit diesem Wort »Studium« gemeint ist. Die Erkenntnisse, die in dem Buch, das Sie gerade lesen, niedergeschrieben sind, kann kein Mensch so einfach begreifen. Das kann man nur, wenn man bereit ist, auf eine andere Weise als gewöhnlich nachzudenken. Nur mit einem *flexiblen Denken*, das nicht eingerostet ist, sondern offen für Überlegungen, die vom Gewohnten abweichen, können Sie sich den Inhalt dieses Buches aneignen. Das gilt für alle Einsichten, die Michael uns vorlegen möchte: Man braucht ein flexibles Denken sowie die Bereitschaft zu lernen, geistige Einsichten zu verstehen. Das Wort »Studium« umfasst somit auch ein flexibles Denken – ein Denken, das dank seiner Flexibilität beginnt, das unvorstellbar große kosmische Wissen zu entdecken und damit in Verbindung zu kommen.

Dieses flexible Denken ist der erste Schritt auf dem modernen Einweihungsweg; denn durch dieses Denken gerät man auf einen Weg, auf dem rein materialistisches Denken durchbrochen wird, und die Möglichkeit entsteht, die Realität geistiger Wirklichkeiten zu untersuchen und im eigenen Denken zuzulassen.

Der zweite Schritt: Die Kontrolle über die eigenen Emotionen erwerben

Beim flexiblen Denken geht es auch um ein reines Denken, ohne Vorurteile und ohne die benebelnde Einwirkung von unergründeten Emotionen. Daher beinhaltet der zweite

Schritt auf dem michaelischen Einweihungsweg den *Erwerb der Kontrolle über die eigenen Emotionen.* Diese Kontrolle bedeutet, dass man sich nicht von seinen Emotionen mitreißen lässt, sondern bei sich selbst auf die Suche nach der Quelle macht, der diese Emotionen entspringen. Man muss sich folglich auf die Suche nach den verborgenen, unverarbeiteten Traumata machen, die in der eigenen Seele lebendig sind.

Wut, eine tiefe Enttäuschung, Boshaftigkeit und Misstrauen können beispielsweise unser Denken über andere Menschen trüben, weil wir denken, dass sie es sind, die unsere Emotionen verursachen. Wir denken, dass sie es sind, die uns im Stich lassen, die nicht vertrauenswürdig sind und uns nicht zuhören, dass sie es sind, die auf uns herabschauen und uns nicht ernst nehmen. Oft liegt das Problem nicht so sehr beim anderen, sondern es werden bei uns tiefe Emotionen aufgrund von Traumata aus der Vergangenheit hervorgerufen, insbesondere Traumata aus unseren Jugendjahren oder aus früheren Leben – Traumata, die andere uns nun wie einen Spiegel vorhalten.

Es geht hier nun darum, unsere eigenen Emotionen zu demaskieren und zu verstehen, woher sie kommen, so dass wir dem anderen wieder frei und offen begegnen und rein und ungetrübt über den ihn (nach-) denken können. Wer sich auf die Suche nach einem höheren, geistigen Denken begibt, landet immer vor der gleichen Aufgabe, nämlich der Aufgabe, seine Gedanken zu reinigen. Man bedenke dabei: Traumata, die wir erkannt und deren Herkunft wir durchschaut haben, verlieren dadurch an Kraft.

Der dritte Schritt: Lernen, mit dem Herzen zu denken

Weil Michael in unserem Herzen wirken möchte, ist es wichtig zu lernen, mit unserem Herzen zu denken. Erst dann kann Michael unsere Gedanken befruchten und erhellen. Doch wie lernen wir, mit unserem Herzen zu denken? Das können wir nur, indem wir danach streben, das Geistige, oder die Geistige Welt, zu begreifen. Goethe sagte: »Alles Vergängliche ist nur ein Gleichnis.«[105] Ein Gleichnis wofür? Für Wirklichkeiten aus der Geistigen Welt. Es entsteht nichts auf Erden, ohne dass davon nicht zuerst ein Urbild in der Geistigen Welt entstanden ist. Sensibel zu werden für diese Urbilder und für die geistigen Wesen, auf deren Existenz alles, was auf Erden lebt, hindeutet – das ist die erste Aufgabe für den Menschen, der lernen möchte, mit seinem Herzen zu denken.

Darüber hinaus geht es darum, dass wir lernen, Gedanken zu entwickeln, die nicht die Materie oder die materielle Welt zum Thema haben, sondern dass wir Gedanken entwickeln, die auf geistige Inhalte oder die Geistige Welt ausgerichtet sind. Denken Sie über den Weg nach, den Ihre lieben Verstorbenen in der Geistigen Welt gehen, denken Sie nüchtern und klar über Ihre früheren Leben nach und wie Sie diese im jetzigen Leben bewusst erkennen können. Entwickeln Sie ein Gespür für die Menschen, die Ihnen schon früher, in einem vergangenen Leben, begegnet sind, und dafür, welche nicht.[106] Denken Sie über das Wesen Michaels nach: Wer er ist, wie Sie ihn vor sich sehen und welche Fragen er Ihnen stellt.

Wenn Sie so leben, werden Sie entdecken, dass Sie auch die Natur als eine lebendige Welt erleben werden, die fortwährend auf eine geistige Wirklichkeit hinweist. Sie werden beginnen, Blumen als die Tränen eines Erdgeistes zu sehen oder als Ausdruck seiner tiefen Freude. Sie werden sensibel für Naturwesen und das, was diese von uns erwarten. Die ganze Welt wird zu einer beseelten, lebendigen Welt, die Sie fortwährend auf eine andere, höhere, geistige Wirklichkeit hinweist. Wer so lebt, entwickelt automatisch ein Denken mit dem Herzen; denn das Herz kennt Welten, die dem Kopf oder dem Gehirn verborgen bleiben.

Der vierte Schritt: Die Welt im Geiste Michaels betrachten

Bei diesem Schritt geht es darum, die Fähigkeit zu entwickeln, die uns dazu in die Lage versetzt, die Welt um uns herum so zu betrachten, dass wir darin das Werk Michaels entdecken.

Dazu ist es zuerst nötig, in den Menschen um uns herum deren Geist oder Höheres Selbst zu entdecken und sich nicht von deren Ego oder deren niederem Ich blenden zu lassen. Das ist schwieriger, als man denkt. Versuchen Sie einmal herauszufinden, ob Sie mit den Menschen in Ihrem Umfeld und den Menschen, die Sie lieben, einmal einen bestimmten Moment erlebt haben, in dem Sie gespürt haben: Jetzt spricht (oder handelt) das Höhere Selbst des anderen und nicht dessen Ego.

Dann geht es darum, in den Ereignissen, die sich in unserer heutigen Zeit abspielen, die Handschrift Michaels zu erkennen: Was sind eigentlich typisch michaelische Ereignisse?

Wir werden auch dazu aufgefordert, in allen Lebenslektionen, die uns vorgelegt werden, das Werk Michaels zu erkennen. Das bedeutet: Blicken Sie auf Ihr Leben zurück und werden Sie sich bewusst, wo Michael am Werk war.

Lernen Sie außerdem, ihm für alles zu danken, was er Ihnen durch alle möglichen Lebensstürme hindurch beigebracht hat. Es kostet natürlich Zeit, bis man hierzu imstande ist. Nehmen Sie sich daher die Zeit, die Sie benötigen, um dieser aufrichtigen Dankbarkeit entgegen zu wachsen.

Finden Sie heraus, bei welchen Ereignissen, über die das Fernsehen und die Presse berichten, Sie die Handschrift Ahrimans aufspüren können, und bei welchen Ereignissen die Handschrift Michaels sichtbar wird.

Wer es lernt, die Dinge so zu betrachten, entwickelt mit der Zeit eine immer tiefere Verbindung zu Michael.

Der fünfte Schritt: Einen Sitz für Michael in Ihrem Herzen schaffen

Früher hat Michael für uns einen Platz in seinem Sonnenreich geschaffen und uns eingeladen, zu ihm zu kommen, so dass wir seinen Lektionen an der Michael-Schule folgen und dem Kult im Sonnentempel beiwohnen konnten. Nun dürfen wir (umgekehrt) Michael einladen, einen Platz in unserem Herzen einzunehmen, so dass er über uns auf Erden wirksam werden kann.

Vergessen Sie dabei nicht, dass Michael einen solch tiefen Respekt vor unserer Freiheit hat, dass er nur in unser Herz kommt, wenn wir ihn dazu bewusst und aus Liebe heraus einladen. Vergegenwärtigen Sie sich dabei aber sehr wohl, dass diese Einladung uns zugleich auch eine Verpflichtung auferlegt – die Verpflichtung, fortan in stiller innerer Verbindung mit Michael durchs Leben zu gehen und ihn bei all unseren Entschlüssen und Entscheidungen miteinzubeziehen.

Der sechste Schritt: Hegen Sie Ihren Enthusiasmus und Ihre Begeisterung

Indem wir lernen, mit unserem Herzen zu denken und es uns immer leichter fällt, hinter die Dinge zu blicken, entsteht tiefe Achtung vor den esoterischen oder kosmischen Geheimnissen, in die wir immer mehr Einblick erhalten. Diese Achtung wächst immer noch weiter, weil wir immer mehr Ereignisse ergründen dürfen. Aus dieser wachsenden Achtung entwickeln sich in der Folge Enthusiasmus und Begeisterung.

Auf Dauer beginnt uns damit eine immer tiefere Freude über all die Einsichten zu erfüllen, die uns Michael mit der Zeit schenkt. Diese Freude macht uns enthusiastisch in Bezug auf Michael, in Bezug auf die esoterischen Geheimnisse und Einsichten sowie die verborgene Wirklichkeit des Lebens. Das Spannende daran ist aber, dass diese Freude und dieser Enthusiasmus wiederum neue Einsichten ermöglichen. Dank unseres Enthusiasmus' und unserer Begeisterung erwerben wir eine gewisse Empfänglichkeit, die es uns ermöglicht, neue kosmische Einsichten zu erhalten.

Achtung und Enthusiasmus sind große geistige Kräfte, die zu weitaus mehr imstande sind, als wir meist erkennen. So ist jeder Mensch, der die Offenbarungen Michaels enthusiastisch in sich trägt und sich dieser bewusst wird, ein großes Geschenk für die Geistige Welt! Diese Kräfte nämlich sind es, die das Wesen *Anthroposophia* stärken und die Christus-Erscheinungen in unserer heutigen Zeit (mit) ermöglichen!

216

Hüten Sie daher die stillen Kräfte des Enthusiasmus und der Hochachtung sorgsam in Ihrem Herzen.

Der siebte Schritt: Eine innere Verbindung zu Christus erfahren

Wenn Michael uns von dem Sitz aus, den er in unserem Herzen eingenommen hat, inspiriert und begeistert, werden wir automatisch zu motivierten, kreativen Menschen, die nicht mehr umhin können, sich auf jede erdenkliche Weise – je nachdem, wie es für jeden von uns passt – an die Arbeit zu gehen, Michaels Impulse auf Erden zu verwirklichen.

Doch das ganz Besondere am michaelischen Einweihungsweg ist wohl, dass auf diese Weise ganz natürlich eine tiefe innere Verbindung zu Christus entsteht. Er ist das göttliche Wesen, das die Quelle aller Schöpferkraft ist. Wenn wir dann im Geiste Michaels kreativ, schöpferisch wirksam werden, um die Erde im Geiste Michaels zu transformieren, erwacht dadurch der Geist Christi in unserem Herzen.

Nichts bereitet Michael eine tiefere Freude als der Mensch, der diese lebendige Verbindung mit dem Christus – ein Band wahrhaftiger, bleibender, ewiger Liebe – als Wirklichkeit in seinem Herzen erfährt!

Michael, einst hast Du mich gerufen

Michael, voller Ehrfurcht, doch auch voller Liebe
stehe ich vor Dir. Einst hast Du mich gerufen –
und seit jener Zeit sehnt sich mein Herz mit jeder Faser nach Dir.

Ich weiß, dass ich zu Dir gehöre, dass ich Dir
dienen möchte und dass ich ein Michaelit bin.
Ich gelobe Dir all meinen Einsatz und meine Treue.

Zuerst erfüllte mich vor allem tiefe Ehrfurcht
vor Dir – es geht eine solch starke Kraft von dir
aus, und selbst Ahriman war Dir nicht gewachsen
und musste sich gegen Dich geschlagen geben.
Daher wird in allen Geistigen Welten
Deine unbeugsame Kraft voller Ehrerbietung besungen.

Doch je mehr ich mit Dir verbunden bin,
desto mehr werde ich mir Deiner Liebe,
Deiner Treue und der vielen Opfer bewusst,
die Du erbringst, um uns beizustehen. Deine Liebe
berührt mich immer mehr – es bewegt mich, wie sehr Du
Dich um uns und unsere Zukunft sorgst.

Seitdem diese Liebe mein Herz erfüllt, beginne
ich immer deutlicher zu erkennen, wie ich Dir
dienen kann: Indem ich mit meinem Herzen denke,
so dass Fühlen und Denken dort, in meinem Herzen,
zu einer Einheit verschmelzen. Du
motivierst mich dazu, mutig all das durchzustehen,
was mir schwerfällt, so dass ich geistig
wachse an den Prüfungen auf meinem Lebensweg.

Du bringst mir bei, Wärme, Sanftheit und Kraft
in unerschütterliche Liebe zu verwandeln.
Du bringst mir bei, mit den Augen meines Herzens zu sehen,

so dass ich voller Hochachtung die großen Geheimnisse
des Kosmos zu ergründen lerne.
Du bringst mir bei, verletzbar zu sein und zugleich stark, un-
erschütterlich.

Michael, auf Deine Kraft stütze ich mich, um es
auszuhalten in der Angst – um sie durchzustehen
und die Angst nicht zu verdrängen, mich jedoch
auch nicht von ihr überwältigen zu lassen.
Genau dann kann ich Christus erfahren – stolz und aufrecht.
Vielleicht ist dein größtes Geschenk an mich
die Tatsache, dass Du mir beibringst,
wie ich in diesem Leben
mit Christus selbst in Verbindung treten kann.

Einst hast Du mich gerufen – seitdem bin ich
ein Michaelit, und mein Herz schlägt für Dich.

ANMERKUNGEN

1 Rudolf Steiner, *Karma-Betrachtungen 5,* Verlag Freies Geistesleben, Zeist 2000. Siehe darin den Vortrag vom 28.9.1924 mit dem *Schluss der 'Letzten Ansprache', Einführung in die Michael-Imagination.*

2 Hans Stolp, *Mijn beschermengel en ik (»Behütet und geborgen – mein Engel und ich«),* Verlag AnkhHermes, 6. Auflage 2016

3 Das Evangelium des Matthäus 7, 7

4 Siehe Sergej O. Prokofieff, Het *Michaël-Mysterie, Geesteswetenschappelijke beschouwing van de Michaël-imaginatie en de euritmische weergave daarvan (»Das Michaels-Mysterium, Geisteswissenschaftliche Betrachtung der Michael-Imagination und ihrer Darstellung in Eurythmie«),* Verlag Perun 2015, S. 41

5 *Die »Archai« oder »Urkräfte« wurden »Zeitgeister« genannt, weil sie die Anführer der sieben großen Kulturperio*den (die ungefähr 2160 Jahre dauerten) in der postatlantischen Zeit sind; die ersten fünf davon sind: Die alt-indische, die alt-persische, die babylonisch-ägyptische, die griechisch-römische und die heutige Kulturperiode.

6 Bezüglich der Einteilung der Engelwelt siehe: Hans Stolp, *Leven met engelen (»Mit Engeln leben«),* Verlag AnkhHermes 2002. Siehe auch: Hans-W. Schroeder, *De hemelse hiërarchieën (»Die himmlischen Hierarchien«),* Verlag Christofoor 1999

7 So war Michael auch unter dem Namen »Indra«, »Marduk« und »Mithras« bekannt. Siehe Nora Stein von Baditz, *Aus Michaels Wirken,* J. CH. Mellinger Verlag Institut, S. 36 - 40

8 R.M. Rilke, *Werke. Kommentierte Ausgabe in vier Bänden,* Frankfurt am Main und Leipzig, 1996

9 Juul van der Stok beschreibt, was alles auf dem Jahreszeitentisch stehen kann: »Ein kleiner Baumstumpf, in dem ein Wichtel steckt, ein Väschen mit Blumen der Jahreszeit, eine glänzende Kastanie. Mit dem Jahreszeitentisch entwickeln Eltern und Kinder Ehrfurcht vor der Natur und bekommen ein Bewusstsein für die Gegenwart der Elementarwesen in Form von Wichteln, Blumenkindern oder Wurzelmännchen.« Siehe das spannende Buch aus ihrer Hand: Juul van der Stok, *Schipper mag ik overvaren? (»Fährmann, darf ich übersetzen?«),* Adventum Verlag, 3. Auflage 2015, S. 64

10 Nähere Ausführungen über den Reigen der sieben Erzengel, die – im Wechsel – jeweils 350 Jahre lang die Menschheit inspirieren und führen dürfen: Hans Stolp, *Leven met engelen, (»Mit Engeln leben«),* Verlag Ankh-Hermes 2002, S. 132 ff.

11 Diese jahrhundertealten, geheimen Einsichten wurden von Trithe-
mius von Sponheim (1462 – 1516), Abt des Klosters Sponheim in
Deutschland, schriftlich niedergelegt und weitergegeben. Siehe
mein Buch, auf das ich in der vorangegangenen Fußnote hingewiesen habe. Rudolf Steiner brachte dieses alte Wissen in neuer Weise, angepasst an diese Zeit, in die Öffentlichkeit. Siehe auch: www.
anthrowiki.at/Erzengel-Regentschaften; dort wird auch die exakte
Jahresspanne einer Regentschaft genannt: 354 Tage und 4 Monate.

12 Ita Wegman, *Michael*, Pentagon Verlag 1999, S. 10

13 Siegfried Werner Munk, *Michael gestern und morgen, Eine anthroposophische Schrift*, Peter Munk Verlag, 2000, S. 222

14 Siehe beispielsweise das unlängst erschienene Buch der dänischen
Schriftstellerin Charlotte Rorth, *De dag dat ik Jezus ontmoette*
(*»Der Tag, an dem ich Jesus begegnet bin«*), Verlag Wereldbiblio-
theek 2017

15 www.clvs.school/wp-content/uploads/2017/02/Alexander-de-Gro-
te.pdf

16 Hans von Sassen in: Rudolf Steiner, *Kerngedachten van de antroposofie, Wat Michael wil* (*»Kerngedanken der Anthroposophie – Was Michael will«*), Verlag Freies Geistesleben 1996, S. 252

17 Sergej O. Prokofieff, *De verschijning van Christus in het etherische*
(*»Das Erscheinen des Christus im Ätherischen«*), Verlag Perun 2015,
S. 78

18 A.a.O., S. 77f

19 Weitere Ausführungen siehe: Mario Schoenmaker, *Occulte Wereld-
geschiedenis* (*»Okkulte Weltgeschichte«*), Verlag AnkhHermes, De-
venter 1989. Siehe auch Rudolf Steiner, *De wetenschap van de geheimen van de ziel* (*»Die Wissenschaft von den Geheimnissen der Seele«*),
Verlag Freies Geistesleben, Zeist, 3. Auflage 2011, S. 91ff. Siehe außerdem: Rudolf Steiner, *De Akashakroniek* (*»Die Akasha-Chronik«*),
Verlag Pentagon 2012, Kapitel 13 - 16

20 Siegfried Werner Munk, *Michael gestern und morgen, Eine anthroposophische Schrift*, Peter Munk Verlag, 2000, S. 23

21 Siehe mein Buch: *Onze persoonlijke levensopdracht in deze tijd* (*»Der
kosmische Lebensplan«*) , Verlag Ankh-Hermes 2016

22 Rudolf Steiner, *De missie van Michael, De openbaring van het geheime wezen van de mens* (*»Die Mission Michaels – Die Offenbarung des
geheimen Wesens des Menschen«*), Pentagon Verlag 2007, S. 50

23 Das geschah zur Zeit Lemuriens, im dritten Zeitalter der heutigen
Erde. Nach Lemurien folgte Atlantis, das Zeitalter, in dem Ahriman
auf Erden aktiv wurde. Wir leben nun im fünften Zeitalter, in der
postatlantischen Epoche. Die verschiedenen Erdzeitalter finden Sie

hier: http://www.esoterischchristendom.nl/index.php/esoterisch-christendom-top/esoterische-evolutie-top/16-de-incarnaties-en-de-tijdperken-van-de-aarde

24 Erstes Buch Mose 3, 6

25 Erstes Buch Mose 3, 7

26 Rudolf Steiner, *De missie van Michael, De openbaring van het geheime wezen van de mens* (»*Die Mission Michaels – Die Offenbarung des geheimen Wesens des Menschen*«), Pentagon Verlag 2007, S. 50

27 Andere Namen, die genannt werden, sind: Behemoth und Leviathan, oder das Nilpferd und das Krokodil. Siehe Hiob 40.

28 Auch im Buch Hesekiel wird Luzifer in der Bibel genannt, und zwar in Vers 28,17, wo steht: »*... Darum will ich (=Gott) dich zu Boden stürzen und ein Schauspiel aus dir machen vor den Königen.*« Auch in diesem Text finden wir also einen Hinweis, der an dieses Ereignis erinnert, wobei Michael Luzifer im Auftrag Gottes auf die Erde verbannte (als sei er dessen rechte Hand).

29 Der Kampf fand in der ätherischen Welt statt, die direkt an die irdische Welt angrenzt und die Erde wie eine Hülle umgibt.

30 Siehe Rudolf Steiner, *De val van de Geesten van de Duisternis* (»*Der Sturz der Geister der Finsternis*«), Pentagon Verlag 2008

31 Sergej O. Prokofieff, *De ontmoeting met het boze, De grondsteen van het goede* (»*Die Begegnung mit dem Bösen und seine Überwindung in der Geisteswissenschaft: Der Grundstein des Guten*«), Verlag Perun 2001, S. 90ff

32 Siehe http://anthrowiki.at/Inkarnation_Ahrimans

33 Sergej O. Prokofieff, *De ontmoeting met het boze, De grondsteen van het goede* (»*Die Begegnung mit dem Bösen und seine Überwindung in der Geisteswissenschaft: Der Grundstein des Guten*«), Verlag Perun 2001, S. 49ff

34 Siehe unter anderem Rudolf Steiner: *Die Vorträge über Ahrimans Inkarnation im Westen*, kommentiert und herausgegeben von Thomas Meyer, Perseus Verlag, Basel 2016. Rudolf Steiner nennt das Jahr 2664 als das Jahr, in dem Ahriman inkarnieren wird. Doch er erklärt zugleich, dass Ahriman alles daran setzt, um sich bereits früher als Mensch auf Erden zu verkörpern.

35 Siehe Lukas 22, 44, wo der Begriff »Agonie« (Todeskampf) wie folgt formuliert wird: »Und es kam, dass er mit dem Tode rang.«

36 Im Bibeltext ist folgender Spruch überliefert, den Jesus Christus am Kreuz gesagt haben soll: »Mein Gott, mein Gott, warum hast du mich verlassen?« Emil Bock weist darauf hin, dass dort eigentlich stehen müsste: »Mein Gott, mein Gott, wie hast du mich verherr-

licht!« Siehe Hans Stolp, Esoterisch Bijbellezen deel I (»Esoterisches Bibellesen Teil 1«), Verlag De Heraut, Kapitel 11

37   Siehe Hans Stolp, *Het geheim van de twee Jezuskinderen (»Das Geheimnis der beiden Jesuskinder«)*, Verlag Ankh-Hermes 2010
38   Siehe vorangegangene Fußnote
39   Siehe beispielsweise: Emil Bock, *Keizers en Apostelen (»Cäsaren und Apostel«)*, Verlag Christofoor 1997, und: *Tussen Bethlehem en de Jordaan (»Zwischen Bethlehem und dem Jordan«)*, Verlag Christofoor 1999, sowie: *Van de Jordaan tot Golgotha (»Vom Jordan nach Golgatha«)*, Verlag Christofoor 1991. Siehe auch: Sergej O. Prokofieff, *Het Mysterie van de Opstanding in het licht van de anthroposofie (»Das Mysterium der Auferstehung im Lichte der Anthroposophie«)*, Verlag Perun 2014
40   Gerrit Zunneberg, *Het ongekende kerstkind. Een ander licht op Christus (»Das unbekannte Christkind. Christus in einem anderen Licht«)*, Indigo Verlag, 2005 S. 53
41   Nähere Ausführungen zu diesen himmlischen Worten siehe: Rudolf Steiner, *Het Evangelie naar Lucas (»Das Lukas-Evangelium«)*, Verlag Freies Geistesleben 2002, S. 144ff.
42   Siehe beispielsweise das Evangelium des Matthäus 27, 50
43   Das Evangelium des Johannes 1, 1
44   Apostelgeschichte 1, 8f
45   Emil Bock, *Keizers en Apostelen (»Cäsaren und Apostel«)*, Verlag Christofoor 1997, S. 202
46   Sergej O. Prokofieff, *Het Mysterie van de Opstanding in het licht van de anthroposofie (»Das Mysterium der Auferstehung im Lichte der Anthroposophie«)*, Verlag Perun 2014, S. 62
47   Apostelgeschichte 2, 1 - 4
48   Eine Beschreibung der sechsten Einweihung findet sich bei: Elisabeth Haich, *Inwijding, priesteres in Egypte (»Einweihung«)*, Verlag AnkhHermes 2012. Siehe auch Hans Stolp, *Johannes de Ingewijde (»Johannes der Eingeweihte«)*, Verlag AnkhHermes 1999, S. 64
49   Das Evangelium des Johannes 1, 14
50   Manfred Schmidt-Brabant in: Manfred Schmidt-Brabant/Virginia Sease, *Geheimnisse des Christentums, Alte und neue Mysterien*, Verlag am Goetheanum 2002, S. 162
51   Rudolf Steiner, *Esoterische Betrachtungen karmischer Zusammenhänge*, GA 237, Rudolf Steiner Verlag, Dornach/Schweiz 1985, S. 168
52   Siehe Rudolf Steiner, *Esoterische Betrachtungen karmischer Zusammenhänge. Dritter Band: Die karmischen Zusammenhänge der anthroposophischen Bewegung*, Rudolf Steiner Nachlassverwaltung 1982

53 Manfred Schmidt-Brabant und Virginia Sease, *Compostella, Sternenwege alter und neuer Mysterienstätten,* Verlag am Goetheanum, 2. Auflage 2004, S. 207

54 Sergej O. Prokofieff, *Het Mysterie van de Opstanding in het licht van de anthroposofie (»Das Mysterium der Auferstehung im Lichte der Anthroposophie«),* Verlag Perun 2014, S. 48

55 Michael ist natürlich auch schweigsam und verschlossen, weil er die Freiheit des Menschen über allem respektiert.

56 Die kosmische Weisheit wird auch als »das intelligente Leben« bezeichnet: Rudolf Steiner, *Karma-Betrachtungen 3,* Verlag Freies Geistesleben 1998, S. 181

57 Sergej O. Prokofieff, *Het Michael-Mysterie, Geesteswetenschappelijke beschouwing van de Michael-imaginatie en de euritmische weergave daarvan (»Das Michaels-Mysterium, Geisteswissenschaftliche Betrachtung der Michael-Imagination und ihrer Darstellung in Eurythmie«),* Verlag Perun 2015, S. 48

58 Siehe www.anthrowiki.at, unter *Kosmische Intelligenz*

59 Manfred Krüger, *Michael, Imaginationen eines Engels,* Verlag Pforte 2007, S. 37

60 Rudolf Steiner, *Kerngedachten van de antroposofie, Wat Michael wil (»Kerngedanken der Anthroposophie – Was Michael will«),* Verlag Freies Geistesleben 1996, S. 132

61 Sergej O. Prokofieff, *Het Michael-Mysterie, Geesteswetenschappelijke beschouwing van de Michael-imaginatie en de euritmische weergave daarvan (»Das Michaels-Mysterium, Geisteswissenschaftliche Betrachtung der Michael-Imagination und ihrer Darstellung in Eurythmie«),* Verlag Perun 2015, S. 48

62 Hans von Sassen im Nachwort von: Rudolf Steiner, *Kerngedachten van de antroposofie, Wat Michael wil (»Kerngedanken der Anthroposophie – Was Michael will«),* Verlag Freies Geistesleben, Zeist 1996, S. 236

63 Rudolf Steiner, *De wetenschap van de geheimen van de ziel (»Die Wissenschaft von den Geheimnissen der Seele«),* Verlag Freies Geistesleben, 3. Auflage 2011, S. 315ff

64 Siehe: www.anthrowiki.at/Kosmische_Intelligenz

65 Rudolf Steiner, *Karmaonderzoek 4 (»Karmabetrachtungen 4«),* Verlag Freies Geistesleben 1999, S. 26

66 Rudolf *Steiner, Esoterische Betrachtungen karmischer Zusammenhänge. Dritter Band. Die karmischen Zusammenhänge der anthroposophischen Bewegung,* Rudolf Steiner Nachlassverwaltung 1982

67 Rudolf Steiner, *Kerngedachten van de antroposofie, Wat Michael wil (»Kerngedanken der Anthroposophie – Was Michael will«),* Verlag Freies Geistesleben 1996, S. 128

68 Sergej O. Prokofieff schreibt, dass die Regentschaft Michaels etwa um das Jahr 2300 enden wird. Siehe sein Buch: *De verschijning van Christus in het etherische* (*»Das Erscheinen des Christus im Ätherischen«*), Verlag Perun 2015, S. 81. Ich nenne mit Absicht verschiedene Jahreszahlen für das voraussichtliche Ende der Regentschaft Michaels. Zunächst habe ich das Jahr 2223 genannt, und jetzt das Jahr 2300. Ich tue das, weil die verschiedenen spirituellen Denker unterschiedliche Jahreszahlen nennen, und ich diese Jahreszahl folglich nicht so angeben möchte, als würde sie definitiv festliegen.

69 Dazu gehörten unter anderem diejenigen, die in der vorangegangenen Michaelszeit – zur Zeit von Alexander dem Großen – mit ihm verbunden waren, sowie die Dominikaner, die sich eng mit ihm verbunden fühlten. Außerdem waren auch viele Platoniker mit anwesend, die in der Schule von Chartres gewirkt hatten. Siehe Ita Wegman, *Michael,* Pentagon Verlag 1999, S. 77

70 Siehe Ita Wegman, *Michael,* Pentagon Verlag 1999, S. 77

71 Manfred Schmidt-Brabant in: Manfred Schmidt-Brabant/Virginia Sease, *Geheimnisse des Christentums, Alte und neue Mysterien*, Verlag am Goetheanum 2002, S. 163

72 Siehe Ita Wegman, *Michael,* Pentagon Verlag 1999, S. 67. Siehe auch: Hans Stolp, *Natuurwezens,* ABC Wegwijzer 15 (*»Naturwesen, ABC Wegweiser 15«*), Verlag ABC Antroposofie.

73 Sergej O. Prokofieff, *De verschijning van Christus in het etherische* (*»Das Erscheinen des Christus im Ätherischen«*), Verlag Perun 2015, S. 81

74 Rudolf Steiner gab eine Beschreibung der kosmischen Rede, die Michael hielt. Diese ist im Buch von Sergej O. Prokofieff, *Het Michael-Mysterie* (*»Das Michaels-Mysterium«*), Verlag Perun 2015, S. 246 – 248, abgedruckt.

75 Erstes Buch Mose 28, 12f

76 Diese Aufzählung ist weit davon entfernt, vollständig zu sein: So kennen wir außerdem noch die orphischen Mysterien in Griechenland, die babylonischen Mysterien von Marduk und die iranischen Mysterien von Mithras, und auch damit habe ich sie bei weitem noch nicht alle aufgezählt.

77 Siegfried Werner Munk, *Michael gestern und morgen, Eine anthroposophische Schrift,* Peter Munk Verlag, 2000, S. 207

78 Sergej O. Prokofieff, *Het Michael-Mysterie, Geesteswetenschappelijke beschouwing van de Michael-imaginatie en de euritmische weergave daarvan* (*»Das Michaels-Mysterium, Geisteswissenschaftliche Betrachtung der Michael-Imagination und ihrer Darstellung in Eurythmie«*), Verlag Perun Bücher 2015, S. 97

79   Sergej O. Prokofieff, *Het Michael-Mysterie, Geesteswetenschappelijke beschouwing van de Michael-imaginatie en de euritmische weergave daarvan*(»Das Michaels-Mysterium, Geisteswissenschaftliche Betrachtung der Michael-Imagination und ihrer Darstellung in Eurythmie«), Verlag Perun 2015, S. 97f

80   Manfred Schmidt-Brabant in: Manfred Schmidt-Brabant/Virginia Sease, *Compostella, Sternenwege alter und neuer Mysterienstätten*, Verlag am Goetheanum, 2. Auflage 2004, S. 210

81   Sergej O. Prokofieff, *Het Michael-Mysterie, Geesteswetenschappelijke beschouwing van de Michael-imaginatie en de euritmische weergave daarvan* (»Das Michaels-Mysterium, Geisteswissenschaftliche Betrachtung der Michael-Imagination und ihrer Darstellung in Eurythmie«), Verlag Perun 2015, S. 50

82   Nur an Pfingsten wird die Farbe Rot eingesetzt – die Farbe des Heiligen Geistes.

83   Rudolf Steiner berichtet, dass bei diesem Kult die Inhalte der Michaels-Schule weiter gepflegt werden: *Wo in grandiosen imaginativen Bildern ausgearbeitet wird, was die Schüler Michaels seinerzeit in der übersinnlichen Schule gelernt hatten.* Siehe Sergej O. Prokofieff, *Het Michael-Mysterie, Geesteswetenschappelijke beschouwing van de Michael-imaginatie en de euritmische weergave daarvan (»Das Michaels-Mysterium, Geisteswissenschaftliche Betrachtung der Michael-Imagination und ihrer Darstellung in Eurythmie«)*, Verlag Perun 2015, S. 96

84   Sergej O. Prokofieff, *De kringloop van het jaar als weg tot de etherische Christus (»Der Jahreskreislauf als Einweihungsweg zum Erleben der Christuswesenheit«)*, Verlag Perun 2013, S. 36

85   Sergej O. Prokofieff, *De kringloop van het jaar als weg tot de etherische Christus (»Der Jahreskreislauf als Einweihungsweg zum Erleben der Christuswesenheit«)*, Verlag Perun 2013, S. 30

86   Sergej O. Prokofieff, *Het Michael-Mysterie, Geesteswetenschappelijke beschouwing van de Michael-imaginatie en de euritmische weergave daarvan (»Das Michaels-Mysterium, Geisteswissenschaftliche Betrachtung der Michael-Imagination und ihrer Darstellung in Eurythmie«)*, Verlag Perun 2015, S. 98

87   Manfred Schmidt-Brabant in: Manfred Schmidt-Brabant/Virginia Sease, *Geheimnisse des Christentums, Alte und neue Mysterien*, Verlag am Goetheanum 2002, S. 164

88   Manfred Schmidt-Brabant in: Manfred Schmidt-Brabant/Virginia Sease, *Compostella, Sternenwege alter und neuer Mysterienstätten*, Verlag am Goetheanum, 2. Auflage 2004, S. 210

89   Emil Bock, *Het tijdperk van Michael, De mens op de drempel van een*

nieuwe tijd (»Das Zeitalter Michaels – Der Mensch an der Schwelle in eine neue Zeit«), Verlag Christofoor 1986, S. 157ff.

90 A.a.O., S. 152

91 Rudolf Steiner, De val van de Geesten van de Duisternis (»Der Sturz der Geister der Finsternis«), Pentagon Verlag 2008

92 Sergej O. Prokofieff, De verschijning van Christus in het etherische (»Das Erscheinen des Christus im Ätherischen«), Verlag Perun 2015, S. 19

93 Hans-W. Schroeder, Over de wederkomst van Christus (»Über die Wiederkunft Christi«), Verlag Christofoor 2000

94 Näheres zu diesen und anderen Erfahrungen in meinem Buch: De verschijningen van Christus in onze tijd (»Die Christuserscheinungen in unserer heutigen Zeit«), Verlag AnkhHermes 2002. Das Buch wurde im Jahr 2016 vom Verlag Hesperia neu aufgelegt unter dem Titel: De Wederkomst van Christus – nu (»Die Wiederkunft Christi – jetzt«).

95 Siehe beispielsweise Hans-Werner Schroeder, Over de wederkomst van Christus (»Über die Wiederkunft Christi«), Verlag Christofoor 2000

96 Sergej O. Prokofieff, De verschijning van Christus in het etherische (»Das Erscheinen des Christus im Ätherischen«), Verlag Perun 2015, S. 20

97 Siehe mein Buch: De verschijningen van Christus in onze tijd, (»Die Christuserscheinungen in unserer heutigen Zeit«), Verlag AnkhHermes 2002. Das Buch wurde im Jahr 2016 vom Verlag Hesperia neu aufgelegt unter dem Titel: De Wederkomst van Christus – nu (»Die Wiederkunft Christi – jetzt«).

98 Sergej O. Prokofieff, De verschijning van Christus in het etherische (»Das Erscheinen des Christus im Ätherischen«), Verlag Perun 2015, S. 83

99 A.a.O., S. 83

100 A.a.O., S. 84

101 Manfred Schmidt-Brabant in: Manfred Schmidt-Brabant/Virginia Sease, Compostella, Sternenwege alter und neuer Mysterienstätten, Verlag am Goetheanum, 2. Auflage 2004, S. 209

102 Peter Selg schreibt über die Freiheit: »Michael ... respektiert in vollem Umfang die Freiheit des Menschen.« Siehe Peter Selg, Michaeli, Vom Vertrauen in die Menschheit am Abgrund, Verlag des Ita Wegmans Instituts 2016, S. 33

103 Rudolf Steiner, Christelijke inwijding en rozenkruiserinwijding (»Christliche Einweihung und Rosenkreuzer-Einweihung«), Pentagon Verlag 2014. Siehe auch: Rudolf Steiner, Antroposofie en de wijsheid

van de rozenkruisers (»Anthroposophie und die Weisheit der Rosen-kreuzer«), Verlag Freies Geistesleben 1986, S. 178ff. Darin werden die sieben Stufen der Rosenkreuzer-Einweihung beschrieben.

104 Dies ist auch die erste Stufe der Rosenkreuzer-Schulung. Siehe Rudolf Steiner, *Christelijke inwijding en rozenkruiserinwijding (»Christliche Einweihung und Rosenkreuzer-Einweihung«)*, Pentagon Verlag 2014, S. 47f

105 Siehe H. van Oort, *Antroposofie, een kennismaking (»Anthroposophie – eine Bekanntschaft«)*, Verlag Freies Geistesleben 2006, S. 38

106 Die Sensibilität für frühere Leben kann man entwickeln, wenn man auf Wiederholungen im Leben achtet (beispielsweise dreimal gekündigt werden oder dreimal abgelehnt werden usw.), sowie auf die Ereignisse achtet, die mit heftigen Emotionen einhergehen – alles mögliche Hinweise auf frühere Leben.

Hans Stolp

Bleib, mein goldener Vogel
Ein sterbendes Kind erzählt

Hans Stolp hat in seinem Leben als Pfarrer viele Sterbende begleitet, darunter auch – und das waren stets besonders schwere Stunden – viele sterbende Kinder. In diesen existenziellen Erfahrungen des Menschlichen verschwimmen manchmal die Grenzen zwischen den Welten – und der Himmel kommt der irdischen Welt ganz nahe.

Aus einem dieser kostbaren Augenblicke heraus wurde die Erzählung des „Goldenen Vogels" geboren. Sie gibt ein Erleben wieder, als „hätte der Himmel die Erde still geküsst". Es ist eine Geschichte voller Mitgefühl, stiller Traurigkeit, banger Hoffnung und dankbarer Erlöstheit. Ein auf wundersame Weise anrührendes Buch, das man mit wundem Herzen und dennoch mit einem glücklichen Lächeln auf den Lippen aus den Händen legen wird!
ISBN: 978-3-86191-012-1

Demenz
Wenn sich die Seele zurückzieht

Hans Stolp widmet sich dem Umgang mit Demenz aus einer spirituellen Sicht, in der die Ganzheit von Körper, Seele und Geist beachtet wird. Auch wenn sich die Geistseele zwischenzeitlich aus ihrer körperlichen Hülle entfernt hat, bleibt das Individuum bis zum letzten Atemzug anwesend. Das seelische Wesen erlebt bewusst alles mit, was sich um seine irdische Hülle herum abspielt. Dieser Erkenntnis kommt für den Umgang mit der Demenz eine ganz entscheidende Rolle zu. War man bisher weitgehend davon ausgegangen, dass in den späten Stadien einer Demenz keinerlei Kontakt mit der betroffenen Person mehr aufrechterhalten werden kann, so zeigt Hans Stolp auf, dass auf einer inneren Ebene eine ununterbrochene Verbindung besteht.
ISBN: 978-3-89427-700-0

Die ersten drei Tage im Jenseits
Was die Seele unmittelbar nach
dem Ablegen des Körpers durchlebt

Als Pfarrer und Sterbebegleiter hat der Autor an unzähligen Sterbebetten gesessen und den Menschen bei ihrem Übergang in eine höhere Welt geholfen.

Zum ersten Mal schildert er in diesem Werk seine tiefsten Eindrücke über das Geschehen in den heiligen Momenten des Freiwerdens von aller Erdenschwere. Ein einzigartiger „Reisebegleiter" für jene, die abreisen, und für diejenigen, die zurückbleiben müssen!

ISBN: 978-3-89427-657-7

Die Sterbestunde
Bewusstes Abschiednehmen

Die „Sterbestunde" ist eine heilige Stunde, die es achtsam und behutsam zu verbringen gilt. Es gibt Unerledigtes aufzuarbeiten, Streit zu beenden oder Verzeihung zu gewähren. Hans Stolp beschreibt in allen Einzelheiten, wie diese Prozesse so heilsam und harmonisch wie möglich verlaufen können.

ISBN: 978-3-89427-624-9

Der Führung der Seele vertrauen

Der kosmische Lebensplan

Es ist eine uralte spirituelle Überlieferung, dass eine Menschenseele, bevor sie auf der Erde inkarniert, in der Geistigen Welt mit ihren lichten Helfern ihren „Lebensplan" bespricht. Diesen prägt sie sich dann in ihren innersten Wesenskern ein, um ihn in der kommenden Inkarnation zu verwirklichen.

Hans Stolp greift dieses alte Wissen auf und macht es für die Menschen der Gegenwart neu zugänglich. Wer in seinem Inneren lauschen und seine wahrhafte Bestimmung erkennen kann, der wird im Einklang mit den großen Gesetzen des Lebens seinen Alltag meistern. Er wird auch die Sinnhaftigkeit bestimmter Prüfungen verstehen und vertrauensvoll seinen Weg fortsetzen.

Ein wundervoll ermutigendes Buch, das hilft, die Herausforderungen des Lebens zu meistern und stets den Sinn in allen Geschehnissen zu erschauen!

ISBN: 978-3-89427-788-8